# TRANZLATY

## La lingua è per tutti

### Jezik je za vse

# Il richiamo della foresta

## Klic divjine

## Jack London

Italiano / Slovenščina

# Nel primitivo
## V primitivno

**Buck non leggeva i giornali.**

Buck ni bral časopisov.

**Se avesse letto i giornali avrebbe saputo che i guai si stavano avvicinando.**

Če bi bral časopise, bi vedel, da se pripravljajo težave.

**Non erano guai solo per lui, ma per tutti i cani da caccia.**

Težave niso bile samo zanj, ampak za vsakega psa, ki je živel v plimni vodi.

**Ogni cane con muscoli forti e pelo lungo e caldo sarebbe stato nei guai.**

Vsak pes, močan v mišicah in s toplo, dolgo dlako, bi bil v težavah.

**Da Puget Bay a San Diego nessun cane poteva sfuggire a ciò che stava per accadere.**

Od Puget Baya do San Diega se noben pes ni mogel izogniti temu, kar je prihajalo.

**Gli uomini, brancolando nell'oscurità artica, avevano trovato un metallo giallo.**

Moški, ki so tipali v arktični temi, so našli rumeno kovino.

**Le compagnie di navigazione a vapore e di trasporto erano alla ricerca della scoperta.**

Parniki in transportna podjetja so zasledovala odkritje.

**Migliaia di uomini si riversarono nel Nord.**

Na tisoče mož je hitelo v Severno deželo.

**Questi uomini volevano dei cani, e i cani che volevano erano cani pesanti.**

Ti možje so si želeli pse, in psi, ki so si jih želeli, so bili težki psi.

**Cani dotati di muscoli forti per lavorare duro.**

Psi z močnimi mišicami, s katerimi se lahko trudijo.

**Cani con il pelo folto che li protegge dal gelo.**

Psi s kosmatim kožuhom, ki jih ščiti pred zmrzaljo.

**Buck viveva in una grande casa nella soleggiata Santa Clara Valley.**

Buck je živel v veliki hiši v sončni dolini Santa Clara.

**La casa del giudice Miller era chiamata così.**

Sodnikova hiša, tako se je imenovala.

**La sua casa era nascosta tra gli alberi, lontana dalla strada.**

Njegova hiša je stala umaknjena od ceste, napol skrita med drevesi.

**Si poteva intravedere l'ampia veranda che circondava la casa.**

Videti je bilo mogoče široko verando, ki se razteza okoli hiše.

**Si accedeva alla casa tramite vialetti ghiaiosi.**

Do hiše so vodili gramozni dovozi.

**I sentieri si snodavano attraverso ampi prati.**

Poti so se vile skozi široko razprostirajoče se travnike.

**In alto si intrecciavano i rami degli alti pioppi.**

Nad njimi so se prepletale veje visokih topolov.

**Nella parte posteriore della casa le cose erano ancora più spaziose.**

V zadnjem delu hiše je bilo še bolj prostorno.

**C'erano grandi scuderie, dove una dozzina di stallieri chiacchieravano**

Bili so veliki hlevi, kjer se je klepetalo ducat ženinov

**C'erano file di cottage per i servi ricoperti di vite**

Bile so vrste hišic za služinčad, odetih z vinsko trto

**E c'era una serie infinita e ordinata di latrine**

In tam je bila neskončna in urejena vrsta stranišč

**Lunghi pergolati d'uva, pascoli verdi, frutteti e campi di bacche.**

Dolgi vinogradi, zeleni pašniki, sadovnjaki in jagodičevje.

**Poi c'era l'impianto di pompaggio per il pozzo artesiano.**

Potem je bila tu še črpalna naprava za arteški vodnjak.

**E c'era la grande cisterna di cemento piena d'acqua.**

In tam je bil velik cementni rezervoar, napolnjen z vodo.

**Qui i ragazzi del giudice Miller hanno fatto il loro tuffo mattutino.**

Tukaj so se fantje sodnika Millerja zjutraj potopili v vodo.

**E lì si rinfrescavano anche nel caldo pomeriggio.**

In tudi tam so se ohladili v vročem popoldnevu.

**E su questo grande dominio, Buck era colui che lo governava tutto.**

In nad to veliko domeno je bil Buck tisti, ki je vladal vsemu.

**Buck nacque su questa terra e visse qui tutti i suoi quattro anni.**

Buck se je rodil na tej zemlji in tukaj živel vsa svoja štiri leta.

**C'erano effettivamente altri cani, ma non avevano molta importanza.**

Res so bili še drugi psi, vendar niso bili zares pomembni.

**In un posto vasto come questo ci si aspettava la presenza di altri cani.**

Na tako ogromnem kraju so pričakovali tudi druge pse.

**Questi cani andavano e venivano oppure vivevano nei canili affollati.**

Ti psi so prihajali in odhajali ali pa so živeli v živahnih pesjakih.

**Alcuni cani vivevano nascosti in casa, come Toots e Ysabel.**

Nekateri psi so živeli skriti v hiši, kot sta Toots in Ysabel.

**Toots era un carlino giapponese, Ysabel una cagnolina messicana senza pelo.**

Toots je bil japonski mops, Ysabel pa mehiška gola psica.

**Queste strane creature raramente uscivano di casa.**

Ta čudna bitja so le redko stopila iz hiše.

**Non toccarono terra né annusarono l'aria esterna.**

Niso se dotaknili tal niti vohali odprtega zraka zunaj.

**C'erano anche i fox terrier, almeno una ventina.**

Bili so tudi foksterierji, vsaj dvajset jih je bilo.

**Questi terrier abbaiavano ferocemente a Toots e Ysabel in casa.**

Ti terierji so v zaprtih prostorih divje lajali na Tootsa in Ysabel.

**Toots e Ysabel rimasero dietro le finestre, al sicuro da ogni pericolo.**

Toots in Ysabel sta ostala za okni, varna pred nevarnostjo.

**Erano sorvegliati da domestiche armate di scope e stracci.**

Varovale so jih gospodinjske pomočnice z metlami in krpami.

**Ma Buck non era un cane da casa e nemmeno da canile.**

Ampak Buck ni bil hišni pes in tudi ni bil pes za pse.

**L'intera proprietà apparteneva a Buck come suo legittimo regno.**

Celotno posestvo je pripadalo Bucku kot njegovo zakonito kraljestvo.

**Buck nuotava nella vasca o andava a caccia con i figli del giudice.**

Buck je plaval v akvariju ali pa je hodil na lov s sodnikovimi sinovi.

**Camminava con Mollie e Alice nelle prime ore del mattino o tardi.**

Z Mollie in Alice se je sprehajal v zgodnjih ali poznih urah.

**Nelle notti fredde si sdraiava davanti al fuoco della biblioteca insieme al giudice.**

V hladnih nočeh je ležal s sodnikom pred kaminom v knjižnici.

**Buck accompagnava i nipoti del giudice sulla sua robusta schiena.**

Buck je na svojem močnem hrbtu vozil sodnikove vnuke.

**Si rotolava nell'erba insieme ai ragazzi, sorvegliandoli da vicino.**

Valjal se je po travi s fanti in jih skrbno stražil.

**Si avventurarono fino alla fontana e addirittura oltre i campi di bacche.**

Podali so se do vodnjaka in celo mimo jagodnih polj.

**Tra i fox terrier, Buck camminava sempre con orgoglio regale.**

Med foxterierji je Buck vedno hodil s kraljevskim ponosom.

**Ignorò Toots e Ysabel, trattandoli come se fossero aria.**

Tootsa in Ysabel je ignoriral in ju obravnaval, kot da bi bila zrak.

**Buck governava tutte le creature viventi sulla terra del giudice Miller.**

Buck je vladal vsem živim bitjem na zemlji sodnika Millerja.

**Dominava gli animali, gli insetti, gli uccelli e perfino gli esseri umani.**

Vladal je živalim, žuželkam, pticam in celo ljudem.

**Il padre di Buck, Elmo, era un enorme e fedele San Bernardo.**

Buckov oče Elmo je bil ogromen in zvest bernard.

**Elmo non si allontanò mai dal Giudice e lo servì fedelmente.**

Elmo ni nikoli zapustil sodnikove strani in mu je zvesto služil.

**Buck sembrava pronto a seguire il nobile esempio del padre.**

Zdelo se je, da je Buck pripravljen slediti očetovemu plemenitemu zgledu.

**Buck non era altrettanto grande: pesava sessanta chili.**

Buck ni bil tako velik, tehtal je sto štirideset funtov.

**Sua madre, Shep, era una splendida cagnolina da pastore scozzese.**

Njegova mama, Shep, je bila odlična škotska ovčarka.

**Ma nonostante il suo peso, Buck camminava con una presenza regale.**

Toda tudi pri tej teži je Buck hodil s kraljevsko prezenco.

**Ciò derivava dal buon cibo e dal rispetto che riceveva sempre.**

To je izhajalo iz dobre hrane in spoštovanja, ki ga je vedno prejemal.

**Per quattro anni Buck aveva vissuto come un nobile viziato.**

Štiri leta je Buck živel kot razvajen plemič.

**Era orgoglioso di sé stesso e perfino un po' egocentrico.**

Bil je ponosen nase in celo rahlo egoističen.

**Quel tipo di orgoglio era comune tra i signori delle campagne remote.**

Takšna vrsta ponosa je bila pogosta med oddaljenimi podeželskimi gospodi.

**Ma Buck si salvò dal diventare un cane domestico viziato.**

Toda Buck se je rešil pred tem, da bi postal razvajen hišni pes.

**Rimase snello e forte grazie alla caccia e all'esercizio fisico.**

Z lovom in vadbo je ostal vitek in močan.

**Amava profondamente l'acqua, come chi si bagna nei laghi freddi.**

Globoko je ljubil vodo, tako kot ljudje, ki se kopajo v hladnih jezerih.

**Questo amore per l'acqua mantenne Buck forte e molto sano.**

Ta ljubezen do vode je Bucka ohranjala močnega in zelo zdravega.

**Questo era il cane che Buck era diventato nell'autunno del 1897.**

To je bil pes, v katerega se je Buck spremenil jeseni 1897.

**Quando lo sciopero del Klondike spinse gli uomini verso il gelido Nord.**

Ko je napad na Klondike potegnil moške na zamrznjeni sever.

**Da ogni parte del mondo la gente accorse in massa verso la fredda terra.**

Ljudje so se z vsega sveta zgrinjali v mrzlo deželo.

**Buck, tuttavia, non leggeva i giornali e non capiva le notizie.**

Buck pa ni bral časopisov niti ni razumel novic.

**Non sapeva che Manuel fosse una persona cattiva con cui stare.**

Ni vedel, da je Manuelova slaba družba.

**Manuel, che aiutava in giardino, aveva un grosso problema.**

Manuel, ki je pomagal na vrtu, je imel velik problem.

**Manuel era dipendente dal gioco d'azzardo alla lotteria cinese.**

Manuel je bil zasvojen z igrami na srečo v kitajski loteriji.

**Credeva fermamente anche in un sistema fisso per vincere.**

Prav tako je trdno verjel v fiksni sistem za zmagovanje.

**Questa convinzione rese il suo fallimento certo e inevitabile.**

Zaradi tega prepričanja je bil njegov neuspeh gotov in neizogiben.

**Per giocare con un sistema erano necessari soldi, soldi che a Manuel mancavano.**

Igranje sistema zahteva denar, ki ga Manuelu ni bilo.

**Il suo stipendio bastava a malapena a sostenere la moglie e i numerosi figli.**

Njegova plača je komaj preživljala ženo in številne otroke.

**La notte in cui Manuel tradì Buck, tutto era normale.**

Tisto noč, ko je Manuel izdal Bucka, je bilo vse normalno.

**Il giudice si trovava a una riunione dell'Associazione dei coltivatori di uva passa.**

Sodnik je bil na srečanju Združenja pridelovalcev rozin.

**A quel tempo i figli del giudice erano impegnati a fondare un club sportivo.**

Sodnikova sinova sta bila takrat zaposlena z ustanovitvijo atletskega kluba.

**Nessuno vide Manuel e Buck uscire dal frutteto.**

Nihče ni videl Manuela in Bucka odhajati skozi sadovnjak.

**Buck pensava che questa fosse solo una semplice passeggiata notturna.**

Buck je mislil, da je ta sprehod le preprost nočni sprehod.

**Incontrarono un solo uomo alla stazione della bandiera, a College Park.**

Na postaji za zastave v College Parku so srečali le enega moškega.

**Quell'uomo parlò con Manuel e si scambiarono i soldi.**

Ta mož je govoril z Manuelom in zamenjala sta denar.

**"Imballa la merce prima di consegnarla", suggerì.**

»Zavij blago, preden ga dostaviš,« je predlagal.

**La voce dell'uomo era roca e impaziente mentre parlava.**

Moški je govoril hrapav in nepotrpežljiv glas.

**Manuel legò con cura una corda spessa attorno al collo di Buck.**

Manuel je Bucku previdno zavezal debelo vrv okoli vratu.

**"Se giri la corda, lo strangolerai di brutto"**

"Zasukaj vrv in ga boš precej zadavil."

**Lo straniero emise un grugnito, dimostrando di aver capito bene.**

Neznanec je zamrmral, kar je pokazalo, da dobro razume.

**Quel giorno Buck accettò la corda con calma e silenziosa dignità.**

Buck je tisti dan sprejel vrv mirno in tiho dostojanstveno.

**Era un atto insolito, ma Buck si fidava degli uomini che conosceva.**

Bilo je nenavadno dejanje, toda Buck je zaupal možem, ki jih je poznal.

**Credeva che la loro saggezza andasse ben oltre il suo pensiero.**

Verjel je, da njihova modrost daleč presega njegovo lastno razmišljanje.

**Ma poi la corda venne consegnata nelle mani dello straniero.**

Nato pa je bila vrv izročena v roke neznanca.

**Buck emise un ringhio basso che suonava come un avvertimento e una minaccia silenziosa.**

Buck je tiho zarenčal, kar je s tiho grožnjo pomenilo opozorilo.

**Era orgoglioso e autoritario e intendeva mostrare il suo disappunto.**

Bil je ponosen in ukazovalen ter je želel pokazati svoje nezadovoljstvo.

**Buck credeva che il suo avvertimento sarebbe stato interpretato come un ordine.**

Buck je verjel, da bodo njegovo opozorilo razumljeno kot ukaz.

**Con suo grande stupore, la corda si strinse rapidamente attorno al suo grosso collo.**

Na njegovo presenečenje se je vrv močno zategnila okoli njegovega debelega vratu.

**Gli mancò l'aria e cominciò a lottare in preda a una rabbia improvvisa.**

Zmanjkalo mu je zraka in v nenadni jezi se je začel boriti.

**Si lanciò verso l'uomo, che si lanciò rapidamente contro Buck a mezz'aria.**

Skočil je na moškega, ki je v zraku hitro srečal Bucka.

**L'uomo afferrò Buck per la gola e lo fece ruotare abilmente in aria.**

Moški je zgrabil Bucka za grlo in ga spretno zasukal v zraku.

**Buck venne scaraventato a terra con violenza, atterrando sulla schiena.**

Bucka je močno vrglo na tla in pristal je na hrbtu.

**La corda ora lo strangolava crudelmente mentre lui scalciava selvaggiamente.**

Vrv ga je zdaj kruto dušila, medtem ko je divje brcal.

**La sua lingua cadde fuori, il suo petto si sollevò, ma non riprese fiato.**

Jezik mu je izpadel, prsi so se mu dvignile, a ni mogel zadihati.

**Non era mai stato trattato con tanta violenza in vita sua.**

Še nikoli v življenju ni bil deležen takšnega nasilja.

**Non era mai stato così profondamente invaso da una rabbia così profonda.**

Prav tako ga še nikoli ni preplavila tako globoka jeza.

**Ma il potere di Buck svanì e i suoi occhi diventarono vitrei.**

Toda Buckova moč je zbledela in njegove oči so postale steklene.

**Svenne proprio mentre un treno veniva fermato lì vicino.**

Omedlel je ravno takrat, ko je v bližini ustavil vlak.

**Poi i due uomini lo caricarono velocemente nel vagone bagagli.**

Nato sta ga moška hitro vrgla v prtljažni vagon.

**La cosa successiva che Buck sentì fu dolore alla lingua gonfia.**

Naslednja stvar, ki jo je Buck začutil, je bila bolečina v oteklem jeziku.

**Si muoveva su un carro traballante, solo vagamente cosciente.**

Premikal se je v tresočem se vozičku, le megleno pri zavesti.

**Il fischio acuto di un treno rivelò a Buck la sua posizione.**

Oster krik vlakovne piščalke je Bucku povedal, kje je.

**Aveva spesso cavalcato con il Giudice e conosceva quella sensazione.**

Pogosto je jahal s sodnikom in je poznal ta občutek.

**Fu un'esperienza unica viaggiare di nuovo in un vagone bagagli.**

Spet je bil to edinstven sunek potovanja v prtljažnem vagonu.

**Buck aprì gli occhi e il suo sguardo ardeva di rabbia.**

Buck je odprl oči in njegov pogled je gorel od besa.

**Questa era l'ira di un re orgoglioso detronizzato.**

To je bila jeza ponosnega kralja, ki je bil odstavljen s prestola.

**Un uomo allungò la mano per afferrarlo, ma Buck colpì per primo.**

Moški je stegnil roko, da bi ga zgrabil, toda Buck je namesto tega udaril prvi.

**Affondò i denti nella mano dell'uomo e la strinse forte.**

Z zobmi se je zaril v moško roko in jo močno držal.

**Non mi lasciò andare finché non svenne per la seconda volta.**

Ni ga izpustil, dokler ni drugič izgubil zavesti.

**"Sì, ha degli attacchi", borbottò l'uomo al facchino.**

„Ja, ima krče," je moški zamrmral prtljagarju.

**Il facchino aveva sentito la colluttazione e si era avvicinato.**

Prtljažnik je slišal pretep in se je približal.

**"Lo porto a Frisco per conto del capo", spiegò l'uomo.**

»Peljem ga v 'Frisco k šefu,« je pojasnil moški.

**"C'è un bravo dottore per cani che dice di poterli curare."**

"Tam je dober pasji zdravnik, ki pravi, da jih lahko ozdravi."

**Più tardi quella notte l'uomo raccontò la sua versione completa.**

Kasneje tistega večera je moški podal svojo podrobno izjavo.

**Parlava da un capannone dietro un saloon sul molo.**

Govoril je iz lope za saloonom na pomolu.

**"Mi hanno dato solo cinquanta dollari", si lamentò con il gestore del saloon.**

»Dobil sem le petdeset dolarjev,« se je pritožil prodajalcu v saloonu.

**"Non lo rifarei, nemmeno per mille dollari in contanti."**

"Tega ne bi ponovil, niti za tisoč dolarjev v gotovini."

**La sua mano destra era strettamente avvolta in un panno insanguinato.**

Njegova desna roka je bila tesno ovita v krvavo krpo.

**La gamba dei suoi pantaloni era completamente strappata dal ginocchio al piede.**

Hlačnico je imel raztrgano od kolena do peta.

**"Quanto è stato pagato l'altro tizio?" chiese il gestore del saloon.**

„Koliko je dobil drugi vrček?" je vprašal gostilničar.

**«Cento», rispose l'uomo, «non ne accetterebbe uno in meno».**

„Sto," je odgovoril moški, „ne bi vzel niti centa manj."

"Questo fa centocinquanta", disse il gestore del saloon.

„To pride skupaj sto petdeset," je rekel gostilničar.

"E lui li merita tutti, altrimenti non sono meglio di uno stupido."

"In vreden je vsega, sicer nisem nič boljši od bedaka."

L'uomo aprì gli involucri per esaminarsi la mano.

Moški je odprl ovoj, da bi si pregledal roko.

La mano era gravemente graffiata e ricoperta di croste di sangue secco.

Roka je bila hudo raztrgana in prekrita s posušeno krvjo.

"Se non mi viene l'idrofobia..." cominciò a dire.

»Če ne dobim hidrofobije ...« je začel govoriti.

"Sarà perché sei nato per impiccarti", giunse una risata.

„To bo zato, ker si se rodil za obešanje," se je zaslišal smeh.

"Aiutami prima di partire", gli chiesero.

„Pridi mi pomagat, preden greš," so ga prosili.

Buck era stordito dal dolore alla lingua e alla gola.

Buck je bil omamljen od bolečine v jeziku in grlu.

Era mezzo strangolato e riusciva a malapena a stare in piedi.

Bil je napol zadavljen in komaj je stal pokonci.

Ciononostante, Buck cercò di affrontare gli uomini che lo avevano ferito così duramente.

Vseeno se je Buck poskušal soočiti z moškimi, ki so ga tako prizadeli.

Ma lo gettarono a terra e lo strangolarono ancora una volta.

Vendar so ga vrgli na tla in ga spet zadavili.

Solo allora riuscirono a segargli il pesante collare di ottone.

Šele takrat so mu lahko odžagali težko medeninasto ovratnico.

Tolsero la corda e lo spinsero in una cassa.

Odstranili so vrv in ga potisnili v zaboj.

La cassa era piccola e aveva la forma di una gabbia di ferro grezza.

Zaboj je bil majhen in oblikovan kot groba železna kletka.

Buck rimase lì per tutta la notte, pieno di rabbia e di orgoglio ferito.

Buck je ležal tam vso noč, poln jeze in ranjenega ponosa.

Non riusciva nemmeno a capire cosa gli stesse succedendo.

Ni mogel začeti razumeti, kaj se mu dogaja.

**Perché quegli strani uomini lo tenevano in quella piccola cassa?**

Zakaj so ga ti čudni možje zadrževali v tej majhni kletki?

**Cosa volevano da lui e perché questa crudele prigionia?**

Kaj so hoteli od njega in zakaj to kruto ujetništvo?

**Sentì una pressione oscura e la sensazione che il disastro si avvicinasse.**

Čutil je temen pritisk; občutek bližajoče se katastrofe.

**Era una paura vaga, ma si impadronì pesantemente del suo spirito.**

Bil je nejasen strah, a močno ga je prizadel.

**Diverse volte sobbalzò quando la porta del capanno sbatteva.**

Nekajkrat je poskočil, ko so se vrata lope zatresla.

**Si aspettava che il giudice o i ragazzi apparissero e lo salvassero.**

Pričakoval je, da se bo pojavil sodnik ali fantje in ga rešili.

**Ma ogni volta solo la faccia grassa del gestore del saloon faceva capolino all'interno.**

A vsakič je noter pokukal le debeli obraz lastnika krčme.

**Il volto dell'uomo era illuminato dalla debole luce di una candela di sego.**

Moški obraz je osvetljevala šibka svetloba lojne sveče.

**Ogni volta, il latrato gioioso di Buck si trasformava in un ringhio basso e arrabbiato.**

Vsakič se je Buckovo veselo lajanje spremenilo v tiho, jezno renčanje.


**Il gestore del saloon lo ha lasciato solo per la notte nella cassa**

Lastnik saluna ga je pustil samega za noč v kletki.

**Ma quando si svegliò la mattina seguente, altri uomini stavano arrivando.**

Ko pa se je zjutraj zbudil, je prihajalo še več mož.

**Arrivarono quattro uomini e, con cautela, sollevarono la cassa senza dire una parola.**

Prišli so štirje moški in brez besed previdno pobrali zaboj.

**Buck capì subito in quale situazione si trovava.**

Buck je takoj vedel, v kakšnem položaju se je znašel.

**Erano ulteriori tormentatori che doveva combattere e temere.**

Bili so nadaljnji mučitelji, s katerimi se je moral boriti in se jih bati.

**Questi uomini apparivano malvagi, trasandati e molto mal curati.**

Ti moški so bili videti hudobni, razcapani in zelo slabo urejeni.

**Buck ringhiò e si lanciò contro di loro con furia attraverso le sbarre.**

Buck je zarenčal in se srdito pognal vanje skozi rešetke.

**Si limitarono a ridere e a colpirlo con lunghi bastoni di legno.**

Samo smejali so se in ga zbadali z dolgimi lesenimi palicami.

**Buck morse i bastoncini, poi capì che era quello che gli piaceva.**

Buck je grizel palice, nato pa spoznal, da jim je to všeč.

**Così si sdraiò in silenzio, imbronciato e acceso da una rabbia silenziosa.**

Tako je tiho legel, mrk in goreč od tihe jeze.

**Caricarono la cassa su un carro e se ne andarono con lui.**

Zaboj so dvignili na voz in se z njim odpeljali.

**La cassa, con Buck chiuso dentro, cambiò spesso proprietario.**

Zaboj, v katerem je bil Buck zaklenjen, je pogosto menjal lastnika.

**Gli impiegati dell'ufficio espresso presero in mano la situazione e si occuparono di lui per un breve periodo.**

Uradniki ekspresne pisarne so prevzeli pobudo in ga na kratko obravnavali.

**Poi un altro carro trasportò Buck attraverso la rumorosa città.**

Nato je Bucka čez hrupno mesto peljal še en voz.

**Un camion lo portò con sé scatole e pacchi su un traghetto.**

Tovornjak ga je skupaj s škatlami in paketi odpeljal na trajekt.

**Dopo l'attraversamento, il camion lo scaricò presso un deposito ferroviario.**

Po prečkanju ceste ga je tovornjak raztovoril na železniški postaji.

**Alla fine Buck venne fatto salire a bordo di un vagone espresso in attesa.**

Končno so Bucka posadili v čakajoči ekspresni vagon.

**Per due giorni e due notti i treni trascinarono via il vagone espresso.**

Dva dni in noči so vlaki vlekli ekspresni vagon.

**Buck non mangiò né bevve durante tutto il doloroso viaggio.**

Buck med celotno bolečo potjo ni ne jedel ne pil.

**Quando i messaggeri cercarono di avvicinarlo, lui ringhiò.**

Ko so se mu hitri sli poskušali približati, je zarenčal.

**Risposero prendendolo in giro e prendendolo in giro crudelmente.**

Odgovorili so tako, da so se mu posmehovali in ga kruto dražili.

**Buck si gettò contro le sbarre, schiumando e tremando**

Buck se je vrgel na rešetke, penil se je in tresel

**risero sonoramente e lo presero in giro come i bulli della scuola.**

Glasno so se smejali in se mu posmehovali kot šolski nasilneži.

**Abbaiavano come cani finti e agitavano le braccia.**

Lajali so kot lažni psi in mahali z rokami.

**Arrivarono persino a cantare come galli, solo per farlo arrabbiare ancora di più.**

Celo peti so kot petelini, samo da bi ga še bolj razburili.

**Era un comportamento sciocco e Buck sapeva che era ridicolo.**

To je bilo neumno vedenje in Buck je vedel, da je smešno.

**Ma questo non fece altro che accrescere il suo senso di indignazione e vergogna.**

A to je le še poglobilo njegov občutek ogorčenja in sramu.

**Durante il viaggio la fame non lo disturbò molto.**

Med potovanjem ga lakota ni preveč motila.

**Ma la sete portava con sé dolori acuti e sofferenze insopportabili.**

Toda žeja je prinašala ostro bolečino in neznosno trpljenje.

**La sua gola secca e infiammata e la lingua bruciavano per il calore.**

Suho, vneto grlo in jezik sta ga pekla od vročine.

**Questo dolore alimentava la febbre che cresceva nel suo corpo orgoglioso.**

Ta bolečina je hranila vročino, ki je naraščala v njegovem ponosnem telesu.

**Durante questa prova Buck fu grato per una sola cosa.**

Buck je bil med tem sojenjem hvaležen za eno samo stvar.

**Gli avevano tolto la corda dal grosso collo.**

Vrv mu je bila odstranjena z debelega vratu.

**La corda aveva dato a quegli uomini un vantaggio ingiusto e crudele.**

Vrv je tem možem dala nepošteno in kruto prednost.

**Ora la corda non c'era più e Buck giurò che non sarebbe mai più tornata.**

Zdaj vrvi ni bilo več in Buck je prisegel, da se ne bo nikoli vrnila.

**Decise che nessuna corda gli sarebbe mai più passata intorno al collo.**

Odločil se je, da mu nobena vrv ne bo nikoli več ovila vratu.

**Per due lunghi giorni e due lunghe notti soffrì senza cibo.**

Dva dolga dneva in noči je trpel brez hrane.

**E in quelle ore, accumulò dentro di sé una rabbia enorme.**

In v teh urah je v sebi nabral ogromno besa.

**I suoi occhi diventarono iniettati di sangue e selvaggi per la rabbia costante.**

Njegove oči so od nenehne jeze postale krvave in divje.

**Non era più Buck, ma un demone con le fauci che schioccavano.**

Ni bil več Buck, temveč demon s šljaščečimi čeljustmi.

**Nemmeno il Giudice avrebbe potuto riconoscere questa folle creatura.**

Celo sodnik ne bi prepoznal tega norega bitja.

**I messaggeri espressi tirarono un sospiro di sollievo quando giunsero a Seattle**

Hitri sli so si olajšano vzdihnili, ko so prispeli v Seattle

**Quattro uomini sollevarono la cassa e la portarono in un cortile sul retro.**

Štirje moški so dvignili zaboj in ga prinesli na dvorišče.

**Il cortile era piccolo, circondato da mura alte e solide.**

Dvorišče je bilo majhno, obdano z visokimi in trdnimi zidovi.

**Un uomo corpulento uscì dalla stanza con una scollatura larga e una camicia rossa.**

Ven je stopil velik moški v povešeni rdeči puloverski srajci.

**Firmò il registro delle consegne con una calligrafia spessa e decisa.**

Z debelo in krepko roko se je podpisal v dobavnico.

**Buck intuì subito che quell'uomo era il suo prossimo aguzzino.**

Buck je takoj začutil, da je ta moški njegov naslednji mučitelj.

**Si lanciò violentemente contro le sbarre, con gli occhi rossi di rabbia.**

Z rdečimi od besa očmi se je silovito pognal proti rešetkam.

**L'uomo si limitò a sorridere amaramente e andò a prendere un'ascia.**

Moški se je le mračno nasmehnil in šel po sekiro.

**Teneva anche una mazza nella sua grossa e forte mano destra.**

V svoji debeli in močni desnici je prinesel tudi palico.

**"Lo porterai fuori adesso?" chiese l'autista preoccupato.**

„Ga boš zdaj peljal ven?" je zaskrbljeno vprašal voznik.

**"Certo", disse l'uomo, infilando l'ascia nella cassa come se fosse una leva.**

„Seveda," je rekel moški in zataknil sekiro v zaboj kot vzvod.

**I quattro uomini si dileguarono all'istante, saltando sul muro del cortile.**

Štirje moški so se v trenutku razbežali in poskočili na dvoriščni zid.

**Dai loro punti sicuri in alto, aspettavano di ammirare lo spettacolo.**

Z varnih mest zgoraj so čakali, da si ogledajo spektakel.

**Buck si lanciò contro il legno scheggiato, mordendolo e scuotendolo violentemente.**

Buck se je pognal na razcepljen les, grizel in se silovito tresel.

**Ogni volta che l'ascia colpiva la gabbia, Buck era lì pronto ad attaccarla.**

Vsakič, ko je sekira zadela kletko, jo je Buck napadel.

**Ringhiò e schioccò le dita in preda a una rabbia selvaggia, desideroso di essere liberato.**

Z divjo jezo je zarenčal in zagrizel, željan, da bi ga izpustili.

**L'uomo all'esterno era calmo e fermo, concentrato sul suo compito.**

Moški zunaj je bil miren in stabilen, osredotočen na svojo nalogo.

**"Bene allora, diavolo dagli occhi rossi", disse quando il buco fu grande.**

„No, prav, ti rdečeoki hudiček," je rekel, ko je bila luknja velika.

**Lasciò cadere l'ascia e prese la mazza nella mano destra.**

Spustil je sekiro in v desno roko vzel palico.

**Buck sembrava davvero un diavolo: aveva gli occhi iniettati di sangue e fiammeggianti.**

Buck je bil resnično videti kot hudič; oči so bile krvave in so gorele.

**Il suo pelo si rizzò, la schiuma gli salì alla bocca e gli occhi brillarono.**

Dlaka se mu je ježila, pena se mu je brizgala na usta, oči so se mu lesketale.

**Lui tese i muscoli e si lanciò dritto verso il maglione rosso.**

Napel je mišice in skočil naravnost proti rdečemu puloverju.

**Centoquaranta libbre di furia si riversarono sull'uomo calmo.**

Sto štirideset funtov besa je poletelo na mirnega moža.

**Un attimo prima che le sue fauci si chiudessero, un colpo terribile lo colpì.**

Tik preden so se mu čeljusti stisnile, ga je zadel grozen udarec.

**I suoi denti si schioccarono insieme solo sull'aria**

Zobje so mu švignili skupaj, ne da bi se dotaknili ničesar drugega kot zraka.

**una scossa di dolore gli risuonò nel corpo**

sunek bolečine je odmeval po njegovem telesu

**Si capovolse a mezz'aria e cadde sulla schiena e su un fianco.**

V zraku se je prevrnil in padel na hrbet in bok.

**Non aveva mai sentito prima un colpo di mazza e non riusciva a sostenerlo.**

Še nikoli prej ni občutil udarca s palico in ga ni mogel dojeti.

**Con un ringhio acuto, in parte abbaio, in parte urlo, saltò di nuovo.**

Z vriskajočim renčanjem, delno laježem, delno krikom, je spet skočil.

**Un altro colpo violento lo colpì e lo scaraventò a terra.**

Zadel ga je še en brutalen udarec in ga vrgel na tla.

**Questa volta Buck capì: era la pesante clava dell'uomo.**

Tokrat je Buck razumel – bila je to moževa težka palica.

**Ma la rabbia lo accecò e non pensò minimamente di ritirarsi.**

Toda bes ga je zaslepil in ni pomislil na umik.

**Dodici volte si lanciò e dodici volte cadde.**

Dvanajstkrat se je pognal in dvanajstkrat je padel.

**La mazza di legno lo colpiva ogni volta con una forza spietata e schiacciante.**

Lesena palica ga je vsakič znova zdrobila z neusmiljeno, drobilno silo.

**Dopo un colpo violento, si rialzò barcollando, stordito e lento.**

Po enem samem silovitem udarcu se je opotekajoče postavil na noge, omamljen in počasen.

**Il sangue gli colava dalla bocca, dal naso e perfino dalle orecchie.**

Kri mu je tekla iz ust, nosu in celo ušes.

**Il suo mantello, un tempo bellissimo, era imbrattato di schiuma insanguinata.**

Njegov nekoč lepi plašč je bil premazan s krvavo peno.

**Poi l'uomo si fece avanti e gli sferrò un violento colpo al naso.**

Nato je moški stopil naprej in ga hudo udaril v nos.

**L'agonia fu più acuta di qualsiasi cosa Buck avesse mai provato.**

Bolečina je bila hujša od vsega, kar je Buck kdajkoli občutil.

**Con un ruggito più da bestia che da cane, balzò di nuovo all'attacco.**

Z rjovenjem, bolj zverinskim kot pasjim, je znova skočil v napad.

**Ma l'uomo gli afferrò la mascella inferiore e la torse all'indietro.**

Toda moški ga je zgrabil za spodnjo čeljust in jo zvil nazaj.

**Buck si girò a testa in giù e cadde di nuovo violentemente al suolo.**

Buck se je prevrnil čez ušesa in spet močno padel.

**Un'ultima volta, Buck si lanciò verso di lui, ormai a malapena in grado di reggersi in piedi.**

Še zadnjič se je Buck pognal vanj, komaj še stoj na nogah.

**L'uomo colpì con sapiente tempismo, sferrando il colpo finale.**

Moški je udaril s strokovnim tempom in zadal zadnji udarec.

**Buck crollò a terra, privo di sensi e immobile.**

Buck se je zgrudil na kup, nezavesten in negiben.

**"Non è uno stupido ad addestrare i cani, ecco cosa dico io", urlò un uomo.**

»Ni ravno slab pri krojenju psov, to pravim,« je zavpil moški.

**"Druther può spezzare la volontà di un segugio in qualsiasi giorno della settimana."**

"Druther lahko zlomi voljo psa vsak dan v tednu."

**"E due volte di domenica!" aggiunse l'autista.**

„In dvakrat v nedeljo!" je dodal voznik.

**Salì sul carro e tirò le redini per partire.**

Zlezel je na voz in potegnil vajeti, da bi odpeljal.

**Buck riprese lentamente il controllo della sua coscienza**

Buck je počasi povrnil nadzor nad svojo zavestjo

**ma il suo corpo era ancora troppo debole e rotto per muoversi.**

toda njegovo telo je bilo še vedno prešibko in zlomljeno, da bi se premaknilo.

**Rimase lì dove era caduto, osservando l'uomo con il maglione rosso.**

Ležal je tam, kjer je padel, in opazoval moškega v rdečem puloverju.

**"Risponde al nome di Buck", disse l'uomo, leggendo ad alta voce.**

„Odziva se na ime Buck," je rekel moški in bral na glas.

**Citò la nota inviata con la cassa di Buck e i dettagli.**

Citiral je iz sporočila, poslanega z Buckovim zabojem, in podrobnosti.

**"Bene, Buck, ragazzo mio", continuò l'uomo con tono amichevole,**

„No, Buck, fant moj," je moški nadaljeval s prijaznim tonom,

**"Abbiamo avuto il nostro piccolo litigio, e ora tra noi è finita."**

"Imela sva najin majhen prepir in zdaj je med nama konec."

**"Tu hai imparato qual è il tuo posto, e io ho imparato qual è il mio", ha aggiunto.**

„Spoznal si svoje mesto, jaz pa svoje," je dodal.

**"Sii buono e tutto andrà bene e la vita sarà piacevole."**

"Bodi priden in vse bo dobro in življenje bo prijetno."

**"Ma se sei cattivo, ti spaccherò a morte, capito?"**

"Ampak bodi slab, pa te bom pretepel do smrti, razumeš?"

**Mentre parlava, allungò la mano e accarezzò la testa dolorante di Buck.**

Medtem ko je govoril, je iztegnil roko in potrepljal Bucka po boleči glavi.

**I capelli di Buck si rizzarono al tocco dell'uomo, ma lui non oppose resistenza.**

Bucku so se ob moškem dotiku dvignili lasje, a se ni upiral.

**L'uomo gli portò dell'acqua e Buck la bevve a grandi sorsi.**

Mož mu je prinesel vodo, ki jo je Buck pil v velikih požirkih.

**Poi arrivò la carne cruda, che Buck divorò pezzo per pezzo.**

Nato je prišlo surovo meso, ki ga je Buck požrl kos za kosom.

**Sapeva di essere stato sconfitto, ma sapeva anche di non essere distrutto.**

Vedel je, da je pretepen, a vedel je tudi, da ni zlomljen.

**Non aveva alcuna possibilità contro un uomo armato di manganello.**

Proti moškemu, oboroženemu s palico, ni imel nobene možnosti.

**Aveva imparato la verità e non dimenticò mai quella lezione.**

Spoznal je resnico in te lekcije ni nikoli pozabil.

**Quell'arma segnò l'inizio della legge nel nuovo mondo di Buck.**

To orožje je bilo začetek prava v Buckovem novem svetu.

**Fu l'inizio di un ordine duro e primitivo che non poteva negare.**

To je bil začetek surovega, primitivnega reda, ki ga ni mogel zanikati.

**Accettò la verità: i suoi istinti selvaggi erano ormai risvegliati.**

Sprejel je resnico; njegovi divji nagoni so se zdaj prebudili.

**Il mondo era diventato più duro, ma Buck lo affrontò coraggiosamente.**

Svet je postal krutejši, a Buck se je z njim pogumno soočil.

**Affrontò la vita con una nuova cautela, astuzia e una forza silenziosa.**

Življenje je srečal z novo previdnostjo, zvitostjo in tiho močjo.

**Arrivarono altri cani, legati con corde o gabbie, come era successo a Buck.**

Prispelo je še več psov, privezanih v vrveh ali kletkah, kot so nekoč privezali Bucka.

**Alcuni cani procedevano con calma, altri si infuriavano e combattevano come bestie feroci.**

Nekateri psi so prišli mirno, drugi so besneli in se borili kot divje zveri.

**Tutti loro furono sottoposti al dominio dell'uomo con il maglione rosso.**

Vsi so bili podrejeni vladavini moža v rdečem puloverju.

**Ogni volta Buck osservava e vedeva svolgersi la stessa lezione.**

Buck je vsakič opazoval in videl, kako se odvija ista lekcija.

**L'uomo con la clava era la legge: un padrone a cui obbedire.**

Mož s palico je bil zakon; gospodar, ki mu je bilo treba ubogati.

**Non era necessario che gli piacesse, ma che gli si obbedisse.**

Ni mu bilo treba biti všečen, ampak ubogati ga je bilo treba.

**Buck non si è mai mostrato adulatore o scodinzolante come facevano i cani più deboli.**

Buck se ni nikoli prilizoval ali mahal z rokami, kot so to počeli šibkejši psi.

**Vide dei cani che erano stati picchiati e che continuavano a leccare la mano dell'uomo.**

Videl je pretepene pse in še vedno lizal moževo roko.

**Vide un cane che non obbediva né si sottometteva affatto.**

Videl je psa, ki sploh ni ubogal ali se ni podredil.

**Quel cane ha combattuto fino alla morte nella battaglia per il controllo.**

Ta pes se je boril, dokler ni bil ubit v bitki za nadzor.

**A volte degli sconosciuti venivano a trovare l'uomo con il maglione rosso.**

Včasih so k moškemu v rdečem puloverju prihajali neznanci.

**Parlavano con toni strani, supplicando, contrattando e ridendo.**

Govorili so s čudnimi toni, prosili, se pogajali in smejali.

**Dopo aver scambiato i soldi, se ne andavano con uno o più cani.**

Ko so zamenjali denar, so odšli z enim ali več psi.

**Buck si chiese dove andassero questi cani, perché nessuno faceva mai ritorno.**

Buck se je spraševal, kam so šli ti psi, saj se nobeden ni nikoli vrnil.

**la paura dell'ignoto riempiva Buck ogni volta che un uomo sconosciuto si avvicinava**

Strah od neznanega je Bucka preplavil vsakič, ko je prišel neznan moški.

**era contento ogni volta che veniva preso un altro cane, al posto suo.**

Vsakič je bil vesel, ko so vzeli še enega psa, namesto sebe.

**Ma alla fine arrivò il turno di Buck con l'arrivo di uno strano uomo.**

Končno pa je prišel na vrsto tudi Buck s prihodom čudnega moškega.

**Era piccolo, nervoso e parlava un inglese stentato e imprecava.**

Bil je majhen, žilav in je govoril v polomljeni angleščini ter preklinjal.

**"Sacredam!" urlò quando vide il corpo di Buck.**

„Sacredam!" je zavpil, ko je zagledal Buckovo postavo.

**"Che cane maledetto e prepotente! Eh? Quanto costa?" chiese ad alta voce.**

„To je pa res prekleto pes, ki te je nagajiv! Kaj? Koliko?" je vprašal na glas.

**"Trecento, ed è un regalo a quel prezzo",**

"Tristo, pa je za to ceno darilo,"

**"Dato che sono soldi del governo, non dovresti lamentarti, Perrault."**

„Ker gre za državni denar, se ne bi smel pritoževati, Perrault."

**Perrault sorrise pensando all'accordo che aveva appena concluso con quell'uomo.**

Perrault se je zarežal ob dogovoru, ki ga je pravkar sklenil z moškim.

**Il prezzo dei cani è salito alle stelle a causa della domanda improvvisa.**

Cena psov je zaradi nenadnega povpraševanja močno narasla.

**Trecento dollari non erano ingiusti per una bestia così bella.**

Tristo dolarjev ni bilo nepošteno za tako fino zver.

**Il governo canadese non perderebbe nulla dall'accordo**

Kanadska vlada s tem dogovorom ne bi izgubila ničesar.

**Né i loro comunicati ufficiali avrebbero subito ritardi nel trasporto.**

Prav tako se njihove uradne pošiljke ne bi zavlekle med prevozom.

**Perrault conosceva bene i cani e capì che Buck era una rarità.**

Perrault je dobro poznal pse in je videl, da je Buck nekaj redkega.

**"Uno su dieci diecimila", pensò, mentre studiava la corporatura di Buck.**

„Eden od desetih deset tisoč," je pomislil, medtem ko je preučeval Buckovo postavo.

**Buck vide il denaro cambiare di mano, ma non mostrò alcuna sorpresa.**

Buck je videl, kako je denar menjal lastnika, vendar ni pokazal nobenega presenečenja.

**Poco dopo lui e Curly, un gentile Terranova, furono portati via.**

Kmalu so njega in Kodrastija, nežnega novofundlandca, odpeljali stran.

**Seguirono l'omino dal cortile della casa con il maglione rosso.**

Sledili so možicu z dvorišča rdečega puloverja.

**Quella fu l'ultima volta che Buck vide l'uomo con la mazza di legno.**

To je bil zadnjič, kar je Buck kdaj videl moža z leseno palico.

**Dal ponte del Narwhal guardò Seattle svanire in lontananza.**

Z Narwalove palube je opazoval, kako Seattle izginja v daljavi.

**Fu anche l'ultima volta che vide le calde terre del Sud.**

To je bil tudi zadnjič, da je kdaj videl toplo Južno deželo.

**Perrault li portò sottocoperta e li lasciò con François.**

Perrault jih je odpeljal pod palubo in jih pustil pri Françoisu.

**François era un gigante con la faccia nera e le mani ruvide e callose.**

François je bil črnoličen velikan z grobimi, žuljastimi rokami.

**Era un uomo dalla carnagione scura e dalla carnagione scura, un meticcio franco-canadese.**

Bil je temnopolt in zagorel; mešanec Francosko-kanadskega porekla.

**Per Buck, quegli uomini erano come non li aveva mai visti prima.**

Bucku se je zdelo, da so ti možje takšni, kot jih še ni videl.

**Nei giorni a venire avrebbe avuto modo di conoscere molti di questi uomini.**

V prihodnjih dneh bo spoznal veliko takšnih mož.

**Non cominciò ad affezionarsi a loro, ma finì per rispettarli.**

Ni jih imel rad, a jih je začel spoštovati.

**Erano giusti e saggi e non si lasciavano ingannare facilmente da nessun cane.**

Bili so pošteni in modri ter jih noben pes ni zlahka prevaral.

**Giudicavano i cani con calma e punivano solo quando meritavano.**

Pse so sodili mirno in jih kaznovali le, če so si to zaslužili.

**Sul ponte inferiore del Narwhal, Buck e Curly incontrarono due cani.**

V spodnji palubi Narvala sta Buck in Kodrasti srečala dva psa.

**Uno era un grosso cane bianco proveniente dalle lontane e gelide isole Spitzbergen.**

Eden je bil velik beli pes iz oddaljenega, ledenega Spitzbergna.

**In passato aveva navigato su una baleniera e si era unito a un gruppo di ricerca.**

Nekoč je plul s kitolovcem in se pridružil raziskovalni skupini.

**Era amichevole, ma astuto, subdolo e subdolo.**

Bil je prijazen na prebrisan, zahrbten in zvit način.

**Al loro primo pasto, rubò un pezzo di carne dalla padella di Buck.**

Pri prvem obroku je iz Buckove ponve ukradel kos mesa.

**Buck saltò per punirlo, ma la frusta di François colpì per prima.**

Buck je skočil, da bi ga kaznoval, toda Françoisov bič je udaril prej.

**Il ladro bianco urlò e Buck reclamò l'osso rubato.**

Beli tat je kriknil in Buck je dobil nazaj ukradeno kost.

**Questa correttezza colpì Buck e François si guadagnò il suo rispetto.**

Ta pravičnost je na Bucka naredila vtis in François si je prislužil njegovo spoštovanje.

**L'altro cane non lo salutò e non volle nessuno in cambio.**

Drugi pes ni pozdravil in ga ni hotel pozdraviti v zameno.

**Non rubava il cibo, né annusava con interesse i nuovi arrivati.**

Ni kradel hrane niti z zanimanjem ni vohal novih prišlekov.

**Questo cane era cupo e silenzioso, cupo e lento nei movimenti.**

Ta pes je bil mračen in tih, mračen in počasen.

**Avvertì Curly di stargli lontano semplicemente lanciandole un'occhiata fulminante.**

Kodrasti je opozoril, naj se drži stran, tako da jo je preprosto jezno pogledal.

**Il suo messaggio era chiaro: lasciatemi in pace o saranno guai.**

Njegovo sporočilo je bilo jasno; pustite me pri miru ali pa bodo težave.

**Si chiamava Dave e non faceva quasi caso a ciò che lo circondava.**

Klicali so ga Dave in komaj je opazil okolico.

**Dormiva spesso, mangiava tranquillamente e sbadigliava di tanto in tanto.**

Pogosto je spal, tiho jedel in občasno zazehal.


**La nave ronzava costantemente con il rumore dell'elica sottostante.**

Ladja je nenehno brnela, propeler spodaj pa je utripal.

**I giorni passarono senza grandi cambiamenti, ma il clima si fece più freddo.**

Dnevi so minevali brez večjih sprememb, a vreme je postajalo hladnejše.

**Buck se lo sentiva nelle ossa e notò che anche gli altri lo sentivano.**

Buck je to čutil v kosteh in opazil je, da tudi drugi.

**Poi una mattina l'elica si fermò e tutto rimase immobile.**

Nekega jutra se je propeler ustavil in vse je bilo tiho.

**Un'energia percorse la nave: qualcosa era cambiato.**

Ladjo je preplavila energija; nekaj se je spremenilo.

**François scese, li mise al guinzaglio e li portò su.**

François je prišel dol, jih pripel na povodce in jih pripeljal gor.

**Buck uscì e trovò il terreno morbido, bianco e freddo.**

Buck je stopil ven in ugotovil, da so tla mehka, bela in hladna.

**Lui fece un balzo indietro allarmato e sbuffò in preda alla confusione più totale.**

Prestrašeno je odskočil in popolnoma zmedeno smrkal.

Una strana sostanza bianca cadeva dal cielo grigio.

Z sivega neba je padala čudna bela snov.

Si scosse, ma i fiocchi bianchi continuavano a cadergli addosso.

Stresel se je, a beli kosmiči so kar naprej padali nanj.

Annusò attentamente la sostanza bianca e ne leccò alcuni pezzetti ghiacciati.

Previdno je povohal belo snov in polizal nekaj ledenih koščkov.

La polvere bruciò come il fuoco e poi svanì subito dalla sua lingua.

Prah je pekel kot ogenj, nato pa je naravnost izginil z njegovega jezika.

Buck ci riprovò, sconcertato dallo strano freddo che svaniva.

Buck je poskusil znova, zmeden zaradi nenavadne izginjajoče hladnosti.

Gli uomini intorno a lui risero e Buck si sentì in imbarazzo.

Moški okoli njega so se zasmejali in Bucku je bilo nerodno.

Non sapeva perché, ma si vergognava della sua reazione.

Ni vedel zakaj, a sramoval se je svoje reakcije.

Era la sua prima esperienza con la neve e la cosa lo confuse.

To je bila njegova prva izkušnja s snegom in to ga je zmedlo.

## La legge del bastone e della zanna
Zakon kluba in očnjaka

**Il primo giorno di Buck sulla spiaggia di Dyea è stato un terribile incubo.**
Buckov prvi dan na plaži Dyea se je zdel kot grozna nočna mora.

**Ogni ora portava con sé nuovi shock e cambiamenti inaspettati per Buck.**
Vsaka ura je Bucku prinesla nove presenečenja in nepričakovane spremembe.

**Era stato strappato alla civiltà e gettato nel caos più totale.**
Iz civilizacije so ga izvlekli in vrženi v divji kaos.

**Questa non era una vita soleggiata e pigra, fatta di noia e riposo.**
To ni bilo sončno, lenobno življenje z dolgčasom in počitkom.

**Non c'era pace, né riposo, né momento senza pericolo.**
Ni bilo miru, počitka in trenutka brez nevarnosti.

**La confusione regnava su tutto e il pericolo era sempre vicino.**
Zmeda je vladala vsemu in nevarnost je bila vedno blizu.

**Buck doveva stare attento perché quegli uomini e quei cani erano diversi.**
Buck je moral ostati pozoren, ker so bili ti moški in psi drugačni.

**Non provenivano da città; erano selvaggi e spietati.**
Niso bili iz mest; bili so divji in brez milosti.

**Questi uomini e questi cani conoscevano solo la legge del bastone e della zanna.**
Ti možje in psi so poznali le zakon palice in zob.

**Buck non aveva mai visto dei cani combattere come questi feroci husky.**
Buck še nikoli ni videl psov, ki bi se pretepali tako divji haskiji.

**La sua prima esperienza gli insegnò una lezione che non avrebbe mai dimenticato.**
Njegova prva izkušnja ga je naučila lekcijo, ki je ne bo nikoli pozabil.

**Fu una fortuna che non fosse lui, altrimenti sarebbe morto anche lui.**

Imel je srečo, da ni bil on, sicer bi tudi on umrl.

**Curly era quello che soffriva, mentre Buck osservava e imparava.**

Kodrasti je bil tisti, ki je trpel, medtem ko je Buck opazoval in se učil.

**Si erano accampati vicino a un deposito costruito con tronchi.**

Taborili so blizu trgovine, zgrajene iz hlodov.

**Curly cercò di essere amichevole con un grosso husky simile a un lupo.**

Kodrasti se je poskušal prijazno navezati na velikega, volku podobnega haskija.

**L'husky era più piccolo di Curly, ma aveva un aspetto selvaggio e cattivo.**

Husky je bil manjši od Kodrastija, a je bil videti divji in zloben.

**Senza preavviso, lui saltò su e le tagliò il viso.**

Brez opozorila je skočil in ji razprl obraz.

**Con un solo movimento i suoi denti le tagliarono l'occhio fino alla mascella.**

Njegovi zobje so ji z enim samim gibom prerezali vse od očesa do čeljusti.

**Ecco come combattevano i lupi: colpivano velocemente e saltavano via.**

Tako so se borili volkovi – hitro udarili in odskočili.

**Ma c'era molto di più da imparare da quell'unico attacco.**

Vendar se je iz tega napada dalo naučiti več kot le nekaj več.

**Decine di husky si precipitarono dentro e formarono un cerchio silenzioso.**

Na ducate haskijev je prihitelo in naredilo tihi krog.

**Osservavano attentamente e si leccavano le labbra per la fame.**

Pozorno so opazovali in si od lakote oblizovali ustnice.

**Buck non capiva il loro silenzio né i loro occhi ansiosi.**

Buck ni razumel njihove tišine ali njihovih nestrpnih pogledov.

**Curly si lanciò ad attaccare l'husky una seconda volta.**

Kodrasti je drugič planil na haskija.

**Usò il suo petto per buttarla a terra con un movimento violento.**

S prsmi jo je z močnim gibom podrl.

**Cadde su un fianco e non riuscì più a rialzarsi.**

Padla je na bok in se ni mogla več pobrati.

**Era proprio quello che gli altri aspettavano da tempo.**

To so ostali ves čas čakali.

**Gli husky le saltarono addosso, guaindo e ringhiando freneticamente.**

Haskiji so skočili nanjo, besno cvilili in renčali.

**Lei urlò mentre la seppellivano sotto una pila di cani.**

Kričala je, ko so jo pokopali pod kupom psov.

**L'attacco fu così rapido che Buck rimase immobile per lo shock.**

Napad je bil tako hiter, da je Buck od šoka otrpnil na mestu.

**Vide Spitz tirare fuori la lingua in un modo che sembrava una risata.**

Videl je, kako je Spitz pomolil jezik na način, ki je bil videti kot smeh.

**François afferrò un'ascia e corse dritto verso il gruppo di cani.**

François je zgrabil sekiro in stekel naravnost v skupino psov.

**Altri tre uomini hanno usato dei manganelli per allontanare gli husky.**

Trije drugi moški so s palicami pomagali pregnati haskije.

**In soli due minuti la lotta finì e i cani se ne andarono.**

V samo dveh minutah je bil boj končan in psi so izginili.

**Curly giaceva morta nella neve rossa calpestata, con il corpo fatto a pezzi.**

Kodrasti je ležala mrtva v rdečem, poteptanem snegu, njeno telo je bilo raztrgano.

**Un uomo dalla pelle scura era in piedi davanti a lei, maledicendo la scena brutale.**

Nad njo je stal temnopolti moški in preklinjal brutalni prizor.

**Il ricordo rimase con Buck e ossessionò i suoi sogni notturni.**

Spomin je ostal z Buckom in ga ponoči preganjal v sanjah.

**Ecco come funzionava: niente equità, niente seconda possibilità.**

Tako je bilo tukaj; brez pravičnosti ni druge priložnosti.

**Una volta caduto un cane, gli altri lo uccidevano senza pietà.**

Ko je pes padel, so ga drugi ubili brez milosti.

**Buck decise allora che non si sarebbe mai lasciato cadere.**

Buck se je takrat odločil, da si nikoli ne bo dovolil pasti.

**Spitz tirò fuori di nuovo la lingua e rise guardando il sangue.**

Spitz je spet pomolil jezik in se zasmejal krvi.

**Da quel momento in poi, Buck odiò Spitz con tutto il cuore.**

Od tistega trenutka naprej je Buck Spitza sovražil z vsem srcem.


**Prima che Buck potesse riprendersi dalla morte di Curly, accadde qualcosa di nuovo.**

Preden si je Buck lahko opomogel od Kodrastijeve smrti, se je zgodilo nekaj novega.

**François si avvicinò e legò qualcosa attorno al corpo di Buck.**

François je prišel in nekaj opasal okoli Buckovega telesa.

**Era un'imbracatura simile a quelle usate per i cavalli al ranch.**

Bil je oprsnik, podoben tistim, ki jih uporabljajo za konje na rančhu.

**Così come Buck aveva visto lavorare i cavalli, ora era costretto a lavorare anche lui.**

Kakor je Buck videl konje delati, je bil zdaj tudi on prisiljen delati.

**Dovette trascinare François su una slitta nella foresta vicina.**

Françoisa je moral na sankah vleči v bližnji gozd.

**Poi dovette trascinare indietro un pesante carico di legna da ardere.**

Potem je moral odvleči nazaj kup težkih drv.

**Buck era orgoglioso e gli faceva male essere trattato come un animale da lavoro.**

Buck je bil ponosen, zato ga je bolelo, da so z njim ravnali kot z delovno živaljo.

**Ma era saggio e non cercò di combattere la nuova situazione.**

Vendar je bil moder in se ni poskušal boriti proti novim razmeram.

**Accettò la sua nuova vita e diede il massimo in ogni compito.**

Sprejel je svoje novo življenje in pri vsaki nalogi dal vse od sebe.

**Tutto di quel lavoro gli risultava strano e sconosciuto.**

Vse pri delu mu je bilo čudno in neznano.

**François era severo e pretendeva obbedienza senza indugio.**

François je bil strog in je zahteval poslušnost brez odlašanja.

**La sua frusta garantiva che ogni comando venisse eseguito immediatamente.**

Njegov bič je poskrbel, da je bil vsak ukaz izveden hkrati.

**Dave era il timoniere, il cane più vicino alla slitta dietro Buck.**

Dave je bil voznik, pes, ki je bil najbližje sani za Buckom.

**Se commetteva un errore, Dave mordeva Buck sulle zampe posteriori.**

Dave je ugriznil Bucka v zadnje noge, če je naredil napako.

**Spitz era il cane guida, abile ed esperto nel ruolo.**

Špic je bil vodilni pes, spreten in izkušen v tej vlogi.

**Spitz non riusciva a raggiungere Buck facilmente, ma lo corresse comunque.**

Spitz ni mogel zlahka doseči Bucka, a ga je vseeno popravil.

**Ringhiava aspramente o tirava la slitta in modi che insegnavano a Buck.**

Ostro je renčal ali vlekel sani na načine, ki so Bucka učili.

**Grazie a questo addestramento, Buck imparò più velocemente di quanto tutti si aspettassero.**

Med tem usposabljanjem se je Buck učil hitreje, kot je kdorkoli od njih pričakoval.

**Lavorò duramente e imparò sia da François che dagli altri cani.**

Trdo je delal in se učil tako od Françoisa kot od drugih psov.

**Quando tornarono, Buck conosceva già i comandi chiave.**
Ko so se vrnili, je Buck že poznal ključne ukaze.
**Imparò a fermarsi al suono della parola "oh" di François.**
Naučil se je ustaviti ob zvoku »ho«, ki ga je zaslišal François.
**Imparò quando era il momento di tirare la slitta e correre.**
Naučil se je, kdaj je moral vleči sani in teči.
**Imparò a svoltare senza problemi nelle curve del sentiero.**
Naučil se je brez težav široko zavijati v ovinkih poti.
**Imparò anche a evitare Dave quando la slitta scendeva velocemente.**
Naučil se je tudi izogibati Daveu, ko so se sani hitro spuščale navzdol.
**"Sono cani molto buoni", disse orgoglioso François a Perrault.**
»Zelo dobri psi so,« je François ponosno povedal Perraultu.
**"Quel Buck tira come un dannato, glielo insegno subito."**
„Ta Buck vleče kot hudič – naučim ga kar hitro."

**Più tardi quel giorno, Perrault tornò con altri due husky.**
Kasneje tistega dne se je Perrault vrnil z dvema haskijema.
**Si chiamavano Billee e Joe ed erano fratelli.**
Imena sta bila Billee in Joe, in bila sta brata.
**Provenivano dalla stessa madre, ma non erano affatto simili.**
Prihajala sta od iste matere, vendar si sploh nista bila podobna.
**Billee era un tipo dolce e molto amichevole con tutti.**
Billee je bila dobrodušna in preveč prijazna do vseh.
**Joe era l'opposto: silenzioso, arrabbiato e sempre ringhiante.**
Joe je bil ravno nasprotje – tih, jezen in vedno renčal.
**Buck li salutò amichevolmente e si mantenne calmo con entrambi.**
Buck ju je prijazno pozdravil in bil z obema miren.
**Dave non prestò loro attenzione e rimase in silenzio come al solito.**
Dave se ni zmenil zanje in je kot ponavadi molčal.
**Spitz attaccò prima Billee, poi Joe, per dimostrare la sua superiorità.**

Spitz je najprej napadel Billeeja, nato pa Joeja, da bi pokazal svojo prevlado.

**Billee scodinzolava e cercava di essere amichevole con Spitz.**

Billee je mahal z repom in se poskušal prijazno navezati na Spitz.

**Quando questo non funzionò, cercò di scappare.**

Ko to ni delovalo, je raje poskušal pobegniti.

**Pianse tristemente quando Spitz lo morse forte sul fianco.**

Žalostno je zajokal, ko ga je Spitz močno ugriznil v bok.

**Ma Joe era molto diverso e si rifiutava di farsi prendere in giro.**

Toda Joe je bil zelo drugačen in se ni pustil ustrahovati.

**Ogni volta che Spitz si avvicinava, Joe si girava velocemente per affrontarlo.**

Vsakič, ko se je Spitz približal, se je Joe hitro obrnil proti njemu.

**La sua pelliccia si drizzò, le sue labbra si arricciarono e i suoi denti schioccarono selvaggiamente.**

Dlaka se mu je naježila, ustnice so se mu zvile, zobje pa divje škripali.

**Gli occhi di Joe brillavano di paura e rabbia, sfidando Spitz a colpire.**

Joejeve oči so se lesketale od strahu in besa, saj je Spitza izzival, naj udari.

**Spitz abbandonò la lotta e si voltò, umiliato e arrabbiato.**

Spitz je obupal nad bojem in se obrnil stran, ponižan in jezen.

**Sfogò la sua frustrazione sul povero Billee e lo cacciò via.**

Svojo frustracijo je stresel na ubogem Billeeju in ga pregnal.

**Quella sera Perrault aggiunse un altro cane alla squadra.**

Tistega večera je Perrault ekipi dodal še enega psa.

**Questo cane era vecchio, magro e coperto di cicatrici di battaglia.**

Ta pes je bil star, suh in prekrit z bojnimi brazgotinami.

**Gli mancava un occhio, ma l'altro brillava di potere.**

Eno oko mu je manjkalo, drugo pa je močno žarelo.

**Il nome del nuovo cane era Solleks, che significa "l'Arrabbiato".**

Ime novega psa je bilo Solleks, kar je pomenilo Jezni.

**Come Dave, Solleks non chiedeva nulla agli altri e non dava nulla in cambio.**

Tako kot Dave tudi Solleks ni od drugih ničesar zahteval in ničesar ni dal v zameno.

**Quando Solleks entrò lentamente nell'accampamento, persino Spitz rimase lontano.**

Ko je Solleks počasi vstopil v tabor, se je celo Spitz umaknil.

**Aveva una strana abitudine che Buck ebbe la sfortuna di scoprire.**

Imel je čudno navado, ki jo Buck ni imel sreče odkriti.

**Solleks detestava essere avvicinato dal lato in cui era cieco.**

Solleks je sovražil, da so se mu približevali s strani, kjer je bil slep.

**Buck non lo sapeva e commise quell'errore per sbaglio.**

Buck tega ni vedel in je to napako naredil po nesreči.

**Solleks si voltò di scatto e colpì la spalla di Buck in modo profondo e rapido.**

Solleks se je obrnil in Bucka hitro ter globoko udaril v ramo.

**Da quel momento in poi, Buck non si avvicinò mai più al lato cieco di Solleks.**

Od tistega trenutka naprej se Buck ni nikoli več približal Solleksovi slepi strani.

**Non ebbero mai più problemi per il resto del tempo che trascorsero insieme.**

Do konca skupnega časa nista imela nikoli več težav.

**Solleks voleva solo essere lasciato solo, come il tranquillo Dave.**

Solleks si je želel le, da bi ga pustili pri miru, kot tihi Dave.

**Ma Buck avrebbe scoperto in seguito che ognuno di loro aveva un altro obiettivo segreto.**

Toda Buck je kasneje izvedel, da imata vsak še en skriti cilj.

**Quella notte Buck si trovò ad affrontare una nuova e preoccupante sfida: come dormire.**

Tisto noč se je Buck soočil z novim in mučnim izzivom – kako spati.

La tenda era illuminata caldamente dalla luce delle candele nel campo innevato.

Šotor je toplo žarel v svetlobi sveč na zasneženem polju.

Buck entrò, pensando che lì avrebbe potuto riposare come prima.

Buck je vstopil in si mislil, da se bo tam lahko spočil kot prej.

Ma Perrault e François gli urlarono contro e gli tirarono delle padelle.

Toda Perrault in François sta kričala nanj in metala ponve.

Sconvolto e confuso, Buck corse fuori nel freddo gelido.

Šokiran in zmeden je Buck stekel ven v ledeno mrzlo vodo.

Un vento gelido gli pungeva la spalla ferita e gli congelava le zampe.

Oster veter mu je pičil v ranjeno ramo in mu ozebelil šape.

Si sdraiò sulla neve e cercò di dormire all'aperto.

Legel je v sneg in poskušal spati zunaj na prostem.

Ma il freddo lo costrinse presto a rialzarsi, tremando forte.

Toda mraz ga je kmalu prisilil, da je spet vstal, močno se je tresel.

Vagò per l'accampamento, cercando di trovare un posto più caldo.

Sprehajal se je po taboru in iskal toplejši kotiček.

Ma ogni angolo era freddo come quello precedente.

A vsak kotiček je bil prav tako hladen kot prejšnji.

A volte dei cani feroci gli saltavano addosso dall'oscurità.

Včasih so nanj iz teme skakali divji psi.

Buck drizzò il pelo, scoprì i denti e ringhiò in tono ammonitore.

Buck se je naježil, pokazal zobe in svarilno zarenčal.

Lui stava imparando in fretta e gli altri cani si sono subito tirati indietro.

Hitro se je učil, drugi psi pa so se hitro umaknili.

Tuttavia, non aveva un posto dove dormire e non aveva idea di cosa fare.

Kljub temu ni imel kje spati in ni vedel, kaj naj stori.

Alla fine gli venne in mente un pensiero: andare a dare un'occhiata ai suoi compagni di squadra.

Končno se mu je porodila misel – preveriti, kako so njegovi soigralci.

**Ritornò nella loro zona e rimase sorpreso nel constatare che non c'erano più.**

Vrnil se je na njihovo območje in bil presenečen, ko jih ni več.

**Cercò di nuovo nell'accampamento, ma ancora non riuscì a trovarli.**

Ponovno je preiskal tabor, a jih še vedno ni mogel najti.

**Sapeva che loro non potevano stare nella tenda, altrimenti ci sarebbe stato anche lui.**

Vedel je, da ne smejo biti v šotoru, sicer bi bil tudi on.

**E allora, dove erano finiti tutti i cani in quell'accampamento ghiacciato?**

Kam so torej šli vsi psi v tem zamrznjenem taboru?

**Buck, infreddolito e infelice, girò lentamente intorno alla tenda.**

Buck, premražen in nesrečen, je počasi krožil okoli šotora.

**All'improvviso, le sue zampe anteriori sprofondarono nella neve soffice e lo spaventarono.**

Nenadoma so se mu sprednje noge pogreznile v mehak sneg in ga prestrašile.

**Qualcosa si mosse sotto i suoi piedi e lui fece un salto indietro per la paura.**

Nekaj se mu je zvilo pod nogami in od strahu je odskočil nazaj.

**Ringhiava e ringhiava, non sapendo cosa si nascondesse sotto la neve.**

Rjovel je in renčal, ne da bi vedel, kaj se skriva pod snegom.

**Poi udì un piccolo abbaio amichevole che placò la sua paura.**

Nato je zaslišal prijazno tiho lajanje, ki je pomirilo njegov strah.

**Annusò l'aria e si avvicinò per vedere cosa fosse nascosto.**

Povohal je zrak in se približal, da bi videl, kaj se skriva.

**Sotto la neve, rannicchiata in una calda palla, c'era la piccola Billee.**

Pod snegom, zvita v toplo klobčič, je bila mala Billee.

**Billee scodinzolò e leccò il muso di Buck per salutarlo.**

Billee je mahal z repom in Bucku v pozdrav polizal obraz.

**Buck vide come Billee si era costruito un posto per dormire nella neve.**

Buck je videl, kako si je Billee v snegu naredila spalno mesto.

**Aveva scavato e sfruttato il suo calore per scaldarsi.**

Izkopal se je in uporabljal lastno toploto, da se je ogrel.

**Buck aveva imparato un'altra lezione: ecco come dormivano i cani.**

Buck se je naučil še ene lekcije – tako so spali psi.

**Scelse un posto e cominciò a scavare la sua buca nella neve.**

Izbral si je mesto in začel kopati svojo luknjo v snegu.

**All'inizio si muoveva troppo e sprecava energie.**

Sprva se je preveč gibal in zapravljal energijo.

**Ma ben presto il suo corpo riscaldò lo spazio e si sentì al sicuro.**

Toda kmalu je njegovo telo ogrelo prostor in počutil se je varnega.

**Si rannicchiò forte e poco dopo si addormentò profondamente.**

Tesno se je zvil in kmalu je trdno zaspal.

**La giornata era stata lunga e dura e Buck era esausto.**

Dan je bil dolg in naporen, Buck pa je bil izčrpan.

**Dormì profondamente e comodamente, anche se fece sogni selvaggi.**

Spal je trdno in udobno, čeprav so bile njegove sanje divje.

**Ringhiava e abbaiava nel sonno, contorcendosi mentre sognava.**

V spanju je renčal in lajal, se zvijal, ko je sanjal.


**Buck non si svegliò finché l'accampamento non cominciò a prendere vita.**

Buck se ni zbudil, dokler se tabor že ni začel prebujati.

**All'inizio non sapeva dove si trovasse o cosa fosse successo.**

Sprva ni vedel, kje je ali kaj se je zgodilo.

**La neve era caduta durante la notte e aveva seppellito completamente il suo corpo.**

Ponoči je zapadel sneg in njegovo truplo popolnoma pokopal.

**La neve lo circondava, fitta su tutti i lati.**

Sneg ga je tesno pritiskal okoli njega z vseh strani.

**All'improvviso un'ondata di paura percorse tutto il corpo di Buck.**

Nenadoma je Bucka preplavil val strahu.

**Era la paura di rimanere intrappolati, una paura che proveniva da istinti profondi.**

Bil je strah pred ujetostjo, strah, ki je izhajal iz globokih nagonov.

**Sebbene non avesse mai visto una trappola, la paura era viva dentro di lui.**

Čeprav še nikoli ni videl pasti, je strah živel v njem.

**Era un cane addomesticato, ma ora i suoi vecchi istinti selvaggi si stavano risvegliando.**

Bil je ukročen pes, a zdaj so se v njem prebujali stari divji nagoni.

**I muscoli di Buck si irrigidirono e il pelo gli si rizzò su tutta la schiena.**

Buckove mišice so se napele in dlaka se mu je postavila naježiti po vsem hrbtu.

**Ringhiò furiosamente e balzò in piedi nella neve.**

Divje je zarenčal in skočil naravnost skozi sneg.

**La neve volava in ogni direzione mentre lui irrompeva nella luce del giorno.**

Sneg je letel na vse strani, ko je prihitel na dnevno svetlobo.

**Ancora prima di atterrare, Buck vide l'accampamento disteso davanti a lui.**

Še pred pristankom je Buck videl tabor, ki se je razprostiral pred njim.

**Ricordò tutto del giorno prima, tutto in una volta.**

Vsega od prejšnjega dne se je spomnil naenkrat.

**Ricordava di aver passeggiato con Manuel e di essere finito in quel posto.**

Spomnil se je sprehoda z Manuelom in kako je končal na tem mestu.

**Ricordava di aver scavato la buca e di essersi addormentato al freddo.**

Spomnil se je, kako je izkopal luknjo in zaspal v mrazu.

**Ora era sveglio e il mondo selvaggio intorno a lui era limpido.**

Zdaj je bil buden in divji svet okoli njega je bil jasen.

**Un grido di François annunciò l'improvvisa apparizione di Buck.**

François je vzkliknil in pozdravil Buckov nenadni pojav.

**"Cosa ho detto?" gridò a gran voce il conducente del cane a Perrault.**

„Kaj sem rekel?" je voznik psa glasno zavpil Perraultu.

**"Quel Buck impara sicuramente in fretta", ha aggiunto François.**

„Ta Buck se res hitro uči," je dodal François.

**Perrault annuì gravemente, visibilmente soddisfatto del risultato.**

Perrault je resno prikimal, očitno zadovoljen z rezultatom.

**In qualità di corriere del governo canadese, trasportava dispacci.**

Kot kurir za kanadsko vlado je prenašal depeše.

**Era ansioso di trovare i cani migliori per la sua importante missione.**

Želel si je najti najboljše pse za svojo pomembno misijo.

**Ora si sentiva particolarmente contento che Buck facesse parte della squadra.**

Še posebej zadovoljen je bil zdaj, ko je bil Buck del ekipe.

**Nel giro di un'ora, alla squadra furono aggiunti altri tre husky.**

V eni uri so ekipi dodali še tri haskije.

**Ciò ha portato il numero totale dei cani della squadra a nove.**

S tem se je skupno število psov v ekipi povečalo na devet.

**Nel giro di quindici minuti tutti i cani erano imbracati.**

V petnajstih minutah so bili vsi psi v oprsnicah.

**La squadra di slitte stava risalendo il sentiero verso Dyea Cañon.**

Sankaška vprega se je vzpenjala po poti proti kanjonu Dyea.

**Buck era contento di andarsene, anche se il lavoro che lo attendeva era duro.**

Buck je bil vesel, da odhaja, četudi je bilo delo pred njim težko.

**Scoprì di non disprezzare particolarmente né il lavoro né il freddo.**

Ugotovil je, da ne prezira dela ali mraza.

**Fu sorpreso dall'entusiasmo che pervadeva tutta la squadra.**

Presenetilo ga je navdušenje, ki je preplavilo celotno ekipo.

**Ancora più sorprendente fu il cambiamento avvenuto in Dave e Solleks.**

Še bolj presenetljiva je bila sprememba, ki se je zgodila Daveu in Solleksu.

**Questi due cani erano completamente diversi quando venivano imbrigliati.**

Ta dva psa sta bila popolnoma različna, ko sta bila vprežena.

**La loro passività e la loro disattenzione erano completamente scomparse.**

Njihova pasivnost in pomanjkanje skrbi sta popolnoma izginili.

**Erano attenti e attivi, desiderosi di svolgere bene il loro lavoro.**

Bili so pozorni in aktivni ter so želeli dobro opraviti svoje delo.

**Si irritavano ferocemente per qualsiasi cosa provocasse ritardi o confusione.**

Postali so hudo razdraženi zaradi vsega, kar je povzročalo zamudo ali zmedo.

**Il duro lavoro sulle redini era il centro del loro intero essere.**

Trdo delo na vajetih je bilo središče njihovega celotnega bitja.

**Sembrava che l'unica cosa che gli piacesse davvero fosse tirare la slitta.**

Zdelo se je, da je vleka sani edina stvar, v kateri so resnično uživali.

**Dave era in fondo al gruppo, il più vicino alla slitta.**

Dave je bil na zadnjem delu skupine, najbližje sani.

**Buck fu messo davanti a Dave e Solleks superò Buck.**

Buck je bil postavljen pred Davea, Solleks pa je prevzel Bucka.

**Il resto dei cani era disposto in fila indiana davanti a loro.**

Ostali psi so bili razporejeni naprej v vrsti po eno.

**La posizione di testa in prima linea era occupata da Spitz.**

Vodilni položaj na čelu je zasedel Spitz.

**Buck era stato messo tra Dave e Solleks per essere istruito.**

Bucka so zaradi navodil postavili med Davea in Solleksa.

**Lui imparava in fretta e gli insegnanti erano risoluti e capaci.**

Hitro se je učil, učitelja pa sta bila odločna in sposobna.

**Non permisero mai a Buck di restare a lungo nell'errore.**

Nikoli niso dovolili, da bi Buck dolgo ostal v zmoti.

**Quando necessario, impartivano le lezioni con denti affilati.**

Po potrebi so svoje lekcije učili z ostrimi zobmi.

**Dave era giusto e dimostrava una saggezza pacata e seria.**

Dave je bil pravičen in je kazal tiho, resno modrost.

**Non mordeva mai Buck senza una buona ragione.**

Nikoli ni ugriznil Bucka brez tehtnega razloga za to.

**Ma non mancava mai di mordere quando Buck aveva bisogno di essere corretto.**

Ampak nikoli ni opustil ugriza, ko je Bucka treba popraviti.

**La frusta di François era sempre pronta e sosteneva la loro autorità.**

Françoisov bič je bil vedno pripravljen in je podpiral njihovo avtoriteto.

**Buck scoprì presto che era meglio obbedire che reagire.**

Buck je kmalu ugotovil, da je bolje ubogati kot pa se braniti.

**Una volta, durante un breve riposo, Buck rimase impigliato nelle redini.**

Nekoč se je Buck med kratkim počitkom zapletel v vajeti.

**Ritardò la partenza e confuse i movimenti della squadra.**

Zavlekel je začetek in zmedel gibanje ekipe.

**Dave e Solleks si avventarono su di lui e lo picchiarono duramente.**

Dave in Solleks sta se nanj pognala in ga hudo pretepla.

**La situazione peggiorò ulteriormente, ma Buck imparò bene la lezione.**

Zaplet se je samo še poslabšal, a Buck se je dobro naučil lekcije.

**Da quel momento in poi tenne le redini tese e lavorò con attenzione.**

Od takrat naprej je vajeti držal napete in delal previdno.

**Prima che la giornata finisse, Buck aveva portato a termine gran parte del suo compito.**

Pred koncem dneva je Buck obvladal večino svoje naloge.

**I suoi compagni di squadra quasi smisero di correggerlo o di morderlo.**

Njegovi soigralci so ga skoraj nehali popravljati ali grizeti.

**La frusta di François schioccava nell'aria sempre meno spesso.**

Françoisov bič je vedno redkeje pokal po zraku.

**Perrault sollevò addirittura i piedi di Buck ed esaminò attentamente ogni zampa.**

Perrault je celo dvignil Buckove noge in skrbno pregledal vsako šapo.

**Era stata una giornata di corsa dura, lunga ed estenuante per tutti loro.**

Bil je naporen dan teka, dolg in naporen za vse.

**Risalirono il Cañon, attraversarono Sheep Camp e superarono le Scales.**

Potovali so po kanjonu navzgor, skozi Ovčji tabor in mimo Tehtnic.

**Superarono il limite della vegetazione arborea, poi ghiacciai e cumuli di neve alti diversi metri.**

Prečkali so gozdno mejo, nato ledenike in snežne zamete, globoke več metrov.

**Scalarono il grande e freddo Chilkoot Divide.**

Preplezali so veliko mrzlo in prepovedno pregrado Chilkoot.

**Quella cresta elevata si ergeva tra l'acqua salata e l'interno ghiacciato.**

Ta visoki greben je stal med slano vodo in zamrznjeno notranjostjo.

**Le montagne custodivano il triste e solitario Nord con ghiaccio e ripide salite.**

Gore so z ledom in strmimi vzponi varovale žalosten in osamljen Sever.

**Scesero rapidamente lungo una lunga catena di laghi sotto la dorsale.**

Dobro so se spustili po dolgi verigi jezer pod razvodjem.

**Questi laghi riempivano gli antichi crateri di vulcani spenti.**

Ta jezera so zapolnila starodavne kraterje ugaslih vulkanov.

**Quella notte tardi raggiunsero un grande accampamento presso il lago Bennett.**

Pozno tisto noč so prispeli do velikega tabora ob jezeru Bennett.

**Migliaia di cercatori d'oro erano lì, intenti a costruire barche per la primavera.**

Tam je bilo na tisoče iskalcev zlata, ki so gradili čolne za pomlad.

**Il ghiaccio si sarebbe presto rotto e dovevano essere pronti.**

Led se bo kmalu stopil in morali so biti pripravljeni.

**Buck scavò la sua buca nella neve e cadde in un sonno profondo.**

Buck si je izkopal luknjo v snegu in trdno zaspal.

**Dormiva come un lavoratore, esausto dopo una dura giornata di lavoro.**

Spal je kot delavec, izčrpan od napornega dneva dela.

**Ma venne strappato al sonno troppo presto, nell'oscurità.**

Toda prezgodaj v temi so ga zbudili iz spanca.

**Fu nuovamente imbrigliato insieme ai suoi compagni e attaccato alla slitta.**

Ponovno so ga vpregli skupaj s tovariši in ga privezali na sani.

**Quel giorno percorsero quaranta miglia, perché la neve era ben calpestata.**

Tisti dan so prevozili štirideset milj, ker je bil sneg dobro uhojen.

**Il giorno dopo, e per molti giorni a seguire, la neve era soffice.**

Naslednji dan in še mnogo dni zatem je bil sneg mehak.

**Dovettero farsi strada da soli, lavorando di più e muovendosi più lentamente.**

Pot so si morali utreti sami, pri čemer so delali bolj intenzivno in se premikali počasneje.

**Di solito, Perrault camminava davanti alla squadra con le ciaspole palmate.**

Običajno je Perrault hodil pred ekipo s krpljami, prepletenimi s plavalno mrežo.

**I suoi passi compattavano la neve, facilitando lo spostamento della slitta.**

Njegovi koraki so zbili sneg, zaradi česar so se sani lažje premikale.

**François, che era al timone della barca a vela, a volte prendeva il comando.**

François, ki je krmaril z merilnega droga, je včasih prevzel krmilo.

**Ma era raro che François prendesse l'iniziativa**

A François je le redko prevzel vodstvo.

**perché Perrault aveva fretta di consegnare le lettere e i pacchi.**

ker se je Perraultu mudilo z dostavo pisem in paketov.

**Perrault era orgoglioso della sua conoscenza della neve, e in particolare del ghiaccio.**

Perrault je bil ponosen na svoje znanje o snegu, še posebej o ledu.

**Questa conoscenza era essenziale perché il ghiaccio autunnale era pericolosamente sottile.**

To znanje je bilo bistveno, saj je bil jesenski led nevarno tanek.

**Dove l'acqua scorreva rapidamente sotto la superficie non c'era affatto ghiaccio.**

Kjer je voda pod površino hitro tekla, ledu sploh ni bilo.


**Giorno dopo giorno, la stessa routine si ripeteva senza fine.**

Dan za dnem se je ista rutina ponavljala brez konca.

**Buck lavorava senza sosta con le redini, dall'alba alla sera.**

Buck se je od zore do noči neskončno trudil z vajeti.

**Lasciarono l'accampamento al buio, molto prima che sorgesse il sole.**

Tabor so zapustili v temi, veliko preden je sonce vzšlo.

**Quando spuntò l'alba, avevano già percorso molti chilometri.**

Ko se je zdanilo, je bilo za njimi že veliko kilometrov.

**Si accamparono dopo il tramonto, mangiando pesce e scavando buche nella neve.**

Tabor so postavili po temi, jedli ribe in se zakopali v sneg.

**Buck era sempre affamato e non era mai veramente soddisfatto della sua razione.**

Buck je bil vedno lačen in nikoli zares zadovoljen s svojim obrokom.

**Riceveva ogni giorno mezzo chilo di salmone essiccato.**

Vsak dan je prejel funt in pol posušenega lososa.

**Ma il cibo sembrò svanire dentro di lui, lasciandogli solo la fame.**

A zdelo se je, da hrana v njem izgine in za seboj pusti lakoto.

**Soffriva di continui morsi della fame e sognava di avere più cibo.**

Trpel je zaradi nenehnih napadov lakote in sanjal je o več hrane.

**Gli altri cani hanno ricevuto solo mezzo chilo di cibo, ma sono rimasti forti.**

Drugi psi so dobili le pol kilograma hrane, vendar so ostali močni.

**Erano più piccoli ed erano nati in una società nordica.**

Bili so manjši in so se rodili v severnem načinu življenja.

**Perse rapidamente la pignoleria che aveva caratterizzato la sua vecchia vita.**

Hitro je izgubil pedantnost, ki je zaznamovala njegovo prejšnje življenje.

**Fino a quel momento era stato un mangiatore prelibato, ma ora non gli era più possibile.**

Bil je slasten jedec, zdaj pa to ni bilo več mogoče.

**I suoi compagni arrivarono primi e gli rubarono la razione rimasta.**

Njegovi prijatelji so prvi končali in ga oropali njegovega neporabljenega obroka.

**Una volta cominciati, non c'era più modo di difendere il cibo da loro.**

Ko so enkrat začeli, ni bilo več načina, da bi pred njimi ubranil svoje hrane.

**Mentre lui lottava contro due o tre cani, gli altri rubarono il resto.**

Medtem ko se je boril z dvema ali tremi psi, so drugi ukradli preostale.

**Per risolvere il problema, cominciò a mangiare velocemente come mangiavano gli altri.**

Da bi to popravil, je začel jesti tako hitro kot drugi.

**La fame lo spingeva così forte che arrivò persino a prendere del cibo non suo.**

Lakota ga je tako močno gnala, da je jedel celo hrano, ki ni bila njegova.

**Osservò gli altri e imparò rapidamente dalle loro azioni.**

Opazoval je druge in se iz njihovih dejanj hitro učil.

**Vide Pike, un nuovo cane, rubare una fetta di pancetta a Perrault.**

Videl je Pikea, novega psa, kako je Perraultu ukradel rezino slanine.

**Pike aveva aspettato che Perrault gli voltasse le spalle per rubare la pagnotta.**

Pike je počakal, da se Perrault obrne proti njemu, preden mu je ukradel slanino.

**Il giorno dopo, Buck copiò Pike e rubò l'intero pezzo.**

Naslednji dan je Buck kopiral Pikea in ukradel celoten kos.

**Seguì un gran tumulto, ma Buck non fu sospettato.**

Sledil je velik hrup, a Bucka nihče ni sumil.

**Al suo posto venne punito Dub, un cane goffo che veniva sempre beccato.**

Namesto tega je bil kaznovan Dub, neroden pes, ki se je vedno pustil ujeti.

**Quel primo furto fece di Buck un cane adatto a sopravvivere al Nord.**

Ta prva tatvina je Bucka označila za psa, primernega za preživetje na severu.

**Ha dimostrato di sapersi adattare alle nuove condizioni e di saper imparare rapidamente.**

Pokazal je, da se zna hitro prilagajati novim razmeram in se učiti.

**Senza tale adattabilità, sarebbe morto rapidamente e gravemente.**

Brez takšne prilagodljivosti bi hitro in hudo umrl.

**Segnò anche il crollo della sua natura morale e dei suoi valori passati.**

To je zaznamovalo tudi zlom njegove moralne narave in preteklih vrednot.

**Nel Southland aveva vissuto secondo la legge dell'amore e della gentilezza.**

V Južni deželi je živel po zakonu ljubezni in prijaznosti.

**Lì aveva senso rispettare la proprietà e i sentimenti degli altri cani.**

Tam je bilo smiselno spoštovati lastnino in čustva drugih psov.

**Ma i Northland seguivano la legge del bastone e la legge della zanna.**

Toda Severnjaki so sledili zakonu palice in zakonu zob.

**Chiunque rispettasse i vecchi valori era uno sciocco e avrebbe fallito.**

Kdorkoli je tukaj spoštoval stare vrednote, je bil neumen in bi propadel.

**Buck non rifletté su tutto questo nella sua mente.**

Buck si ni vsega tega premislil.

**Era in forma e quindi si adattò senza pensarci due volte.**

Bil je v formi, zato se je prilagodil, ne da bi moral razmišljati.

**In tutta la sua vita non era mai fuggito da una rissa.**

Vse življenje ni nikoli pobegnil pred pretepom.

**Ma la mazza di legno dell'uomo con il maglione rosso cambiò la regola.**

Toda lesena palica moškega v rdečem puloverju je to pravilo spremenila.

**Ora seguiva un codice più profondo e antico, inscritto nel suo essere.**

Zdaj je sledil globlji, starejši kodi, vpisani v njegovo bitje.

**Non rubava per piacere, ma per il dolore della fame.**

Ni kradel iz užitka, ampak iz bolečine lakote.

**Non rubava mai apertamente, ma rubava con astuzia e attenzione.**

Nikoli ni odkrito ropal, ampak je kradel zvito in previdno.

**Agì per rispetto verso la clava di legno e per paura delle zanne.**

Ravnal je iz spoštovanja do lesene palice in strahu pred očnjakom.

**In breve, ha fatto ciò che era più facile e sicuro che non farlo.**

Skratka, naredil je tisto, kar je bilo lažje in varneje kot pa da tega ne stori.

**Il suo sviluppo, o forse il suo ritorno ai vecchi istinti, fu rapido.**

Njegov razvoj – ali morda njegova vrnitev k starim nagonom – je bil hiter.

**I suoi muscoli si indurirono fino a diventare forti come il ferro.**

Njegove mišice so se otrdele, dokler niso bile močne kot železo.

**Non gli importava più del dolore, a meno che non fosse grave.**

Bolečina ga ni več zanimala, razen če je bila resna.

**Divenne efficiente dentro e fuori, senza sprecare nulla.**

Postal je učinkovit znotraj in zunaj, pri čemer ni zapravljal ničesar.

**Poteva mangiare cose disgustose, marce o difficili da digerire.**

Lahko je jedel stvari, ki so bile gnusne, gnile ali težko prebavljive.

**Qualunque cosa mangiasse, il suo stomaco ne sfruttava ogni singolo pezzetto di valore.**

Karkoli je pojedel, je njegov želodec porabil vse, kar je bilo dragoceno.

**Il suo sangue trasportava i nutrienti in tutto il suo potente corpo.**

Njegova kri je hranila prenašala daleč po njegovem močnem telesu.

**Ciò gli ha permesso di sviluppare tessuti forti che gli hanno conferito un'incredibile resistenza.**

To je zgradilo močna tkiva, ki so mu dala neverjetno vzdržljivost.

**La sua vista e il suo olfatto diventarono molto più sensibili di prima.**

Njegov vid in voh sta postala veliko bolj občutljiva kot prej.

**Il suo udito diventò così acuto che riusciva a percepire anche i suoni più deboli durante il sonno.**

Njegov sluh se je tako izostril, da je lahko med spanjem zaznal rahle zvoke.

**Nei sogni sapeva se quei suoni significavano sicurezza o pericolo.**

V sanjah je vedel, ali zvoki pomenijo varnost ali nevarnost.

**Imparò a mordere con i denti il ghiaccio tra le dita dei piedi.**

Naučil se je z zobmi grizeti led med prsti na nogah.

**Se una pozza d'acqua si ghiacciava, lui rompeva il ghiaccio con le gambe.**

Če je vodna luknja zamrznila, je led prebil z nogami.

**Si impennò e colpì duramente il ghiaccio con gli arti anteriori rigidi.**

Dvignil se je na zadnje noge in s trdimi sprednjimi okončinami močno udaril ob led.

**La sua abilità più sorprendente era quella di prevedere i cambiamenti del vento durante la notte.**

Njegova najbolj presenetljiva sposobnost je bila napovedovanje sprememb vetra čez noč.

**Anche quando l'aria era immobile, sceglieva luoghi riparati dal vento.**

Tudi ko je bil zrak miren, je izbiral mesta, zaščitena pred vetrom.

**Ovunque scavasse il nido, il vento del giorno dopo lo superava.**

Kjerkoli si je izkopal gnezdo, ga je naslednji dan veter šel mimo.

**Alla fine si ritrovava sempre al sicuro e protetto, al riparo dal vento.**

Vedno se je našel udobno in zaščiteno, v zavetrju pred vetričem.

**Buck non solo imparò dall'esperienza: anche il suo istinto tornò.**

Buck se ni učil le iz izkušenj – vrnili so se tudi njegovi instinkti.

**Le abitudini delle generazioni addomesticate cominciarono a scomparire.**

Navade udomačenih generacij so začele izgubljati.

**Ricordava vagamente i tempi antichi della sua razza.**

Nekako se je spominjal davnih časov svoje vrste.

**Ripensò a quando i cani selvatici correvano in branco nelle foreste.**

Spomnil se je časov, ko so divji psi v krdelih tekli po gozdovih.

**Avevano inseguito e ucciso la loro preda mentre la inseguivano.**

Med zasledovanjem so lovili in ubili svoj plen.

**Per Buck fu facile imparare a combattere con forza e velocità.**

Buck se je zlahka naučil boriti z zobmi in hitrostjo.

**Come i suoi antenati, usava tagli, squarci e schiocchi rapidi.**

Uporabljal je reze, poševne reze in hitre udarce, tako kot njegovi predniki.

**Quegli antenati si risvegliarono in lui e risvegliarono la sua natura selvaggia.**

Ti predniki so se v njem prebudili in prebudili njegovo divjo naravo.

**Le loro vecchie abilità gli erano state trasmesse attraverso la linea di sangue.**

Njihove stare veščine so se nanj prenesle po krvni liniji.

**Ora i loro trucchi erano suoi, senza bisogno di pratica o sforzo.**

Njihovi triki so bili zdaj njegovi, brez vaje ali truda.

**Nelle notti fredde e tranquille, Buck sollevava il naso e ululò.**

V mirnih, hladnih nočeh je Buck dvignil nos in zavil.

**Ululò a lungo e profondamente, come facevano i lupi tanto tempo fa.**

Zavil je dolgo in globoko, kot so to počeli volkovi nekoč davno.

**Attraverso di lui, i suoi antenati defunti puntarono il naso e ulularono.**

Skozi njega so njegovi mrtvi predniki kazali nosove in zavijali.

**Hanno ululato attraverso i secoli con la sua voce e la sua forma.**

Z njegovim glasom in obliko so tulili skozi stoletja.

**Le sue cadenze erano le loro, vecchi gridi che parlavano di dolore e di freddo.**

Njegove kadence so bile njihove, stari kriki, ki so pripovedovali o žalosti in mrazu.

**Cantavano dell'oscurità, della fame e del significato dell'inverno.**

Peli so o temi, lakoti in pomenu zime.

**Buck ha dimostrato come la vita sia plasmata da forze che vanno oltre noi stessi,**

Buck je dokazal, kako življenje oblikujejo sile, ki presegajo samega sebe.

**l'antico canto risuonò nelle vene di Buck e si impadronì della sua anima.**

Starodavna pesem se je dvignila skozi Bucka in ga prevzela v duši.

**Ritrovò se stesso perché gli uomini avevano trovato l'oro nel Nord.**

Našel se je, ker so moški na severu našli zlato.

**E lo trovò perché Manuel, l'aiutante giardiniere, aveva bisogno di soldi.**

In znašel se je, ker je Manuel, vrtnarjev pomočnik, potreboval denar.

## La Bestia Primordiale Dominante
Prevladujoča prvobitna zver

**La bestia primordiale dominante era più forte che mai in Buck.**

Dominantna prvobitna zver je bila v Bucku močna kot vedno.

**Ma la bestia primordiale dominante era rimasta dormiente in lui.**

Toda dominantna prvobitna zver je v njem spela.

**La vita sui sentieri era dura, ma rafforzava la bestia che era in Buck.**

Življenje na poti je bilo kruto, a je okrepilo zver v Bucku.

**Segretamente la bestia diventava sempre più forte ogni giorno.**

Zver je na skrivaj postajala vsak dan močnejša in močnejša.

**Ma quella crescita interiore è rimasta nascosta al mondo esterno.**

Toda ta notranja rast je ostala skrita zunanjemu svetu.

**Una forza primordiale calma e silenziosa si stava formando dentro Buck.**

V Bucku se je gradila tiha in mirna prvobitna sila.

**Una nuova astuzia diede a Buck equilibrio, calma e compostezza.**

Nova zvitost je Bucku dala ravnotežje, miren nadzor in držo.

**Buck si concentrò molto sull'adattamento, senza mai sentirsi completamente rilassato.**

Buck se je močno osredotočil na prilagajanje, nikoli se ni počutil popolnoma sproščenega.

**Evitava i conflitti, non iniziava mai litigi e non cercava mai guai.**

Izogibal se je konfliktom, nikoli ni začenjal prepirov ali iskal težav.

**Ogni mossa di Buck era scandita da una riflessione lenta e costante.**

Počasna, enakomerna premišljenost je oblikovala vsako Buckovo potezo.

**Evitava scelte avventate e decisioni improvvise e sconsiderate.**

Izogibal se je prenagljenim odločitvam in nenadnim, nepremišljenim odločitvam.

**Sebbene Buck odiasse profondamente Spitz, non gli mostrò alcuna aggressività.**

Čeprav je Buck globoko sovražil Spitza, ni kazal nobene agresije do njega.

**Buck non provocò mai Spitz e mantenne le sue azioni moderate.**

Buck ni nikoli izzival Spitza in je svoja dejanja držal zadržan.

**Spitz, d'altro canto, percepì il pericolo crescente in Buck.**

Spitz pa je začutil naraščajočo nevarnost v Bucku.

**Vedeva Buck come una minaccia e una seria sfida al suo potere.**

Bucka je videl kot grožnjo in resen izziv svoji moči.

**Coglieva ogni occasione per ringhiare e mostrare i suoi denti aguzzi.**

Izkoristil je vsako priložnost, da je zarenčal in pokazal svoje ostre zobe.

**Stava cercando di dare inizio allo scontro mortale che sarebbe dovuto avvenire.**

Poskušal je začeti smrtonosni boj, ki je moral priti.

**All'inizio del viaggio, tra loro scoppiò quasi una lite.**

Na začetku potovanja se je med njima skoraj vnel pretep.

**Ma un incidente inaspettato impedì che il combattimento avesse luogo.**

Toda nepričakovana nesreča je preprečila pretep.

**Quella sera si accamparono sul gelido lago Le Barge.**

Tistega večera so postavili tabor ob mrzlem jezeru Le Barge.

**La neve cadeva fitta e il vento era tagliente come una lama.**

Sneg je močno padal, veter pa je rezal kot nož.

**La notte era scesa troppo in fretta e l'oscurità li aveva avvolti.**

Noč je prišla prehitro in tema jih je obdajala.

**Difficilmente avrebbero potuto scegliere un posto peggiore per riposare.**

Težko bi si lahko izbrali slabši kraj za počitek.

**I cani cercavano disperatamente un posto dove sdraiarsi.**

Psi so obupano iskali prostor, kjer bi se lahko ulegli.

**Dietro il piccolo gruppo si ergeva un'alta parete rocciosa.**

Za majhno skupino se je strmo dvigala visoka skalna stena.

**Per alleggerire il carico, la tenda era stata lasciata a Dyea.**

Šotor so pustili v Dyei, da bi olajšali breme.

**Non avevano altra scelta che accendere il fuoco direttamente sul ghiaccio.**

Niso imeli druge izbire, kot da ogenj zakurijo na ledu.

**Stendevano i loro accappatoi direttamente sul lago ghiacciato.**

Svoje spalne halje so razprostrli neposredno na zamrznjenem jezeru.

**Qualche pezzo di legno galleggiante dava loro un po' di fuoco.**

Nekaj naplavljenih lesenih palic jim je dalo malo ognja.

**Ma il fuoco è stato acceso sul ghiaccio e attraverso di esso si è scongelato.**

Toda ogenj je bil zaneten na ledu in se je skozenj stopil.

**Alla fine cenarono al buio.**

Končno so večerjali v temi.

**Buck si rannicchiò accanto alla roccia, al riparo dal vento freddo.**

Buck se je zvil ob skali, zaveten pred mrzlim vetrom.

**Il posto era così caldo e sicuro che Buck non voleva andarsene.**

Kraj je bil tako topel in varen, da se Buck ni hotel odseliti.

**Ma François aveva scaldato il pesce e stava distribuendo le razioni.**

Toda François je pogrel ribo in delil obroke.

**Buck finì di mangiare in fretta e tornò a letto.**

Buck je hitro pojedel in se vrnil v posteljo.

**Ma Spitz ora giaceva dove Buck aveva preparato il suo letto.**

Toda Spitz je zdaj ležal tam, kjer mu je Buck postavil posteljo.

**Un ringhio basso avvertì Buck che Spitz si rifiutava di muoversi.**

Tih renčanje je Bucka opozorilo, da se Spitz noče premakniti.

**Finora Buck aveva evitato lo scontro con Spitz.**

Do sedaj se je Buck temu boju s Spitzom izogibal.

**Ma nel profondo di Buck la bestia alla fine si liberò.**

Toda globoko v Bucku se je zver končno sprostila.

**Il furto del suo posto letto era troppo da tollerare.**

Kraja njegovega spalnega prostora je bila preveč huda, da bi jo prenesel.

**Buck si lanciò contro Spitz, pieno di rabbia e furore.**

Buck se je poln jeze in besa pognal proti Spitzu.

**Fino a quel momento Spitz aveva pensato che Buck fosse solo un grosso cane.**

Do nedavnega je Spitz mislil, da je Buck samo velik pes.

**Non pensava che Buck fosse sopravvissuto grazie al suo spirito.**

Ni mislil, da je Buck preživel po zaslugi svojega duha.

**Si aspettava paura e codardia, non furia e vendetta.**

Pričakoval je strah in strahopetnost, ne pa besa in maščevanja.

**François rimase a guardare mentre entrambi i cani schizzavano fuori dal nido in rovina.**

François je strmel, ko sta oba psa planila iz porušenega gnezda.

**Capì subito cosa aveva scatenato quella violenta lotta.**

Takoj je razumel, kaj je sprožilo divji boj.

**"Aa-ah!" gridò François in sostegno del cane marrone.**

„Aa-ah!" je François vzkliknil v podporo rjavemu psu.

**"Dategli una bella lezione! Per Dio, punite quel ladro furbo!"**

"Daj mu tep! Pri Bogu, kaznuj tega prebrisanega tatu!"

**Spitz dimostrò altrettanta prontezza e fervore nel combattere.**

Spitz je pokazal enako pripravljenost in divjo vnemo za boj.

**Gridò di rabbia mentre girava velocemente in tondo, cercando un varco.**

Medtem ko je hitro krožil in iskal odprtino, je besno zavpil.

**Buck mostrò la stessa fame di combattere e la stessa cautela.**

Buck je pokazal enako lakoto po boju in enako previdnost.

**Anche lui girò intorno al suo avversario, cercando di avere la meglio nella battaglia.**

Obkrožil je tudi svojega nasprotnika in poskušal pridobiti premoč v boju.

**Poi accadde qualcosa di inaspettato e cambiò tutto.**

Potem se je zgodilo nekaj nepričakovanega in vse spremenilo.

**Quel momento ritardò l'eventuale lotta per la leadership.**

Ta trenutek je odložil morebitni boj za vodstvo.

**Ci sarebbero ancora molti chilometri di sentiero e di lotta da percorrere prima della fine.**

Pred koncem je čakalo še veliko kilometrov poti in truda.

**Perrault urlò un'imprecazione mentre una mazza colpiva l'osso.**

Perrault je zakričal, ko je palica udarila ob kost.

**Seguì un acuto grido di dolore, poi il caos esplose tutt'intorno.**

Sledil je oster krik bolečine, nato pa je naokoli eksplodiral kaos.

**Forme scure si muovevano nell'accampamento: husky selvatici, affamati e feroci.**

V taboru so se premikale temne postave; divji haskiji, sestradani in divji.

**Quattro o cinque dozzine di husky avevano fiutato l'accampamento da molto lontano.**

Štiri ali pet ducatov haskijev je že od daleč zavohalo tabor.

**Si erano introdotti furtivamente mentre i due cani litigavano lì vicino.**

Tiho so se priplazili noter, medtem ko sta se v bližini prepirala psa.

**François e Perrault si lanciarono all'attacco, colpendo con i manganelli gli invasori.**

François in Perrault sta planila v napad in zamahnila s palicami proti napadalcem.

**Gli husky affamati mostrarono i denti e si dibatterono freneticamente.**

Sestradani haskiji so pokazali zobe in se besno branili.

**L'odore della carne e del pane li aveva fatti superare ogni paura.**

Vonj mesa in kruha jih je pregnal izven strahu.

**Perrault picchiò un cane che aveva nascosto la testa nella buca delle vivande.**

Perrault je pretepel psa, ki je zakopal glavo v hlevu za hrano.

**Il colpo fu violento e la scatola si ribaltò, facendo fuoriuscire il cibo.**

Udarec je bil močan, škatla se je prevrnila in hrana se je razsula ven.

**Nel giro di pochi secondi, una ventina di bestie feroci si avventarono sul pane e sulla carne.**

V nekaj sekundah je množica divjih zveri raztrgala kruh in meso.

**I bastoni degli uomini sferrarono un colpo dopo l'altro, ma nessun cane si allontanò.**

Moške palice so zadajale udarec za udarcem, a noben pes se ni obrnil stran.

**Urlavano di dolore, ma continuarono a lottare finché non rimase più cibo.**

Zavpili so od bolečine, a se borili, dokler jim ni ostalo nič hrane.

**Nel frattempo i cani da slitta erano saltati giù dalle loro culle innevate.**

Medtem so vlečni psi poskočili iz svojih zasneženih ležišč.

**Furono immediatamente attaccati dai feroci e affamati husky.**

Takoj so jih napadli zlobni lačni haskiji.

**Buck non aveva mai visto prima creature così selvagge e affamate.**

Buck še nikoli ni videl tako divjih in sestradanih bitij.

**La loro pelle pendeva flaccida, nascondendo a malapena lo scheletro.**

Njihova koža je visela ohlapno in komaj skrivala okostja.

**C'era un fuoco nei loro occhi, per fame e follia**

V njihovih očeh je gorel ogenj od lakote in norosti

**Non c'era modo di fermarli, di resistere al loro assalto selvaggio.**

Ni jih bilo mogoče ustaviti; ni se bilo mogoče upreti njihovemu divjemu navalu.

I cani da slitta vennero spinti indietro e premuti contro la parete della scogliera.

Vprežne pse so potisnili nazaj, pritisnili ob steno pečine.

Tre husky attaccarono Buck contemporaneamente, lacerandogli la carne.

Trije haskiji so hkrati napadli Bucka in mu trgali meso.

Il sangue gli colava dalla testa e dalle spalle, dove era stato tagliato.

Kri mu je tekla iz glave in ramen, kjer je bil porezan.

Il rumore riempì l'accampamento: ringhi, guaiti e grida di dolore.

Hrup je napolnil tabor; renčanje, cviljenje in kriki bolečine.

Billee pianse forte, come al solito, presa dal panico e dalla mischia.

Billee je kot ponavadi glasno jokala, ujeta v prepiru in paniki.

Dave e Solleks rimasero fianco a fianco, sanguinanti ma con aria di sfida.

Dave in Solleks sta stala drug ob drugem, krvavela, a kljubovalna.

Joe lottava come un demonio, mordendo tutto ciò che gli si avvicinava.

Joe se je boril kot demon in grizel vse, kar se mu je približalo.

Con un violento schiocco di mascelle schiacciò la zampa di un husky.

Z enim brutalnim sunkom čeljusti je zdrobil haskiju nogo.

Pike saltò sull'husky ferito e gli ruppe il collo all'istante.

Ščuka je skočila na ranjenega haskija in mu v trenutku zlomila vrat.

Buck afferrò un husky per la gola e gli strappò la vena.

Buck je zgrabil haskija za grlo in mu raztrgal žilo.

Il sangue schizzò e il sapore caldo mandò Buck in delirio.

Kri je brizgala, topel okus pa je Bucka spravil v blaznost.

Si lanciò contro un altro aggressore senza esitazione.

Brez oklevanja se je vrgel na drugega napadalca.

Nello stesso momento, denti aguzzi si conficcarono nella gola di Buck.

V istem trenutku so se ostri zobje zarile v Buckovo grlo.

**Spitz aveva colpito di lato, attaccando senza preavviso.**

Spitz je udaril s strani, napadel je brez opozorila.

**Perrault e François avevano sconfitto i cani rubando il cibo.**

Perrault in François sta premagala pse, ki so kradli hrano.

**Ora si precipitarono ad aiutare i loro cani a respingere gli aggressori.**

Zdaj so hiteli pomagati svojim psom, da bi se uprli napadalcem.

**I cani affamati si ritirarono mentre gli uomini roteavano i loro manganelli.**

Sestradani psi so se umaknili, ko so moški zamahnili s palicami.

**Buck riuscì a liberarsi dall'attacco, ma la fuga fu breve.**

Buck se je napadu izvlekel, a pobeg je bil kratek.

**Gli uomini corsero a salvare i loro cani e gli husky tornarono ad attaccarli.**

Moški so stekli rešit svoje pse, haskiji pa so se spet zgrinjali.

**Billee, spaventato e coraggioso, si lanciò nel branco di cani.**

Billee, prestrašena do poguma, je skočila v krdelo psov.

**Ma poi fuggì attraverso il ghiaccio, in preda al terrore e al panico.**

Nato pa je v surovi grozi in paniki zbežal čez led.

**Pike e Dub li seguirono da vicino, correndo per salvarsi la vita.**

Pike in Dub sta tesno za njima tekla in si reševala življenje.

**Il resto della squadra si disperse e li inseguì.**

Preostali del ekipe se je razkropil in jim sledil.

**Buck raccolse le forze per correre, ma poi vide un lampo.**

Buck je zbral moči, da bi stekel, a nato je zagledal blisk.

**Spitz si lanciò verso Buck, cercando di buttarlo a terra.**

Spitz se je pognal k Bucku in ga poskušal zbiti na tla.

**Sotto quella banda di husky, Buck non avrebbe avuto scampo.**

Pod to drhaljo haskijev Buck ne bi imel pobega.

**Ma Buck rimase fermo e si preparò al colpo di Spitz.**

Toda Buck je ostal neomajno in se pripravil na Spitzov udarec.

**Poi si voltò e corse sul ghiaccio con la squadra in fuga.**

Nato se je obrnil in stekel na led z bežečo ekipo.

**Più tardi i nove cani da slitta si radunarono al riparo del bosco.**
Kasneje se je devet vprežnih psov zbralo v zavetju gozda.

**Nessuno li inseguiva più, ma erano malconci e feriti.**
Nihče jih ni več preganjal, bili pa so pretepeni in ranjeni.

**Ogni cane presentava delle ferite: quattro o cinque tagli profondi su ogni corpo.**
Vsak pes je imel rane; štiri ali pet globokih ureznin na vsakem telesu.

**Dub aveva una zampa posteriore ferita e ora faceva fatica a camminare.**
Dub je imel poškodovano zadnjo nogo in je zdaj težko hodil.

**Dolly, l'ultimo cane arrivato da Dyea, aveva la gola tagliata.**
Dolly, najnovejša psička iz Dyee, je imela prerezano grlo.

**Joe aveva perso un occhio e l'orecchio di Billee era stato tagliato a pezzi**
Joe je izgubil oko, Billee pa je bilo odrezano uho.

**Tutti i cani piansero per il dolore e la sconfitta durante la notte.**
Vsi psi so vso noč jokali od bolečine in poraza.

**All'alba tornarono lentamente all'accampamento, doloranti e distrutti.**
Ob zori so se priplazili nazaj v tabor, boleči in zlomljeni.

**Gli husky erano scomparsi, ma il danno era fatto.**
Huskiji so izginili, a škoda je bila storjena.

**Perrault e François erano di pessimo umore e osservavano le rovine.**
Perrault in François sta slabe volje stala nad ruševinami.

**Metà del cibo era sparito, rubato dai ladri affamati.**
Polovice hrane je izginilo, saj so jo pograbili lačni tatovi.

**Gli husky avevano strappato le corde e la tela della slitta.**
Haskiji so pretrgali vezi in platno sani.

**Tutto ciò che aveva odore di cibo era stato divorato completamente.**
Vse, kar je dišalo po hrani, je bilo popolnoma požrto.

**Mangiarono un paio di stivali da viaggio in pelle di alce di Perrault.**

Pojedli so par Perraultovih potovalnih škornjev iz losove kože.

**Hanno masticato le pelli e rovinato i cinturini rendendoli inutilizzabili.**

Žvečili so usnjene reise in uničili jermene do te mere, da so bili neuporabni.

**François smise di fissare la frusta strappata per controllare i cani.**

François je nehal strmeti v raztrgano bičarko, da bi preveril pse.

**«Ah, amici miei», disse con voce bassa e preoccupata.**

„Ah, prijatelji moji," je rekel s tihim, zaskrbljenim glasom.

**"Forse tutti questi morsi vi trasformeranno in bestie pazze."**

"Morda vas bodo vsi ti ugrizi spremenili v nore zveri."

**"Forse tutti cani rabbiosi, sacredam! Che ne pensi, Perrault?"**

„Morda so vsi nori psi, sveto pismo! Kaj misliš, Perrault?"

**Perrault scosse la testa, con gli occhi scuri per la preoccupazione e la paura.**

Perrault je zmajal z glavo, oči so mu bile potemnele od zaskrbljenosti in strahu.

**C'erano ancora quattrocento miglia tra loro e Dawson.**

Od Dawsona jih je še vedno ločevalo štiristo milj.

**La follia dei cani potrebbe ormai distruggere ogni possibilità di sopravvivenza.**

Pasja norost bi zdaj lahko uničila vsako možnost preživetja.

**Hanno passato due ore a imprecare e a cercare di riparare l'attrezzatura.**

Dve uri so preklinjali in poskušali popraviti opremo.

**La squadra ferita alla fine lasciò l'accampamento, distrutta e sconfitta.**

Ranjena ekipa je končno zapustila tabor, zlomljena in poražena.

**Questo è stato il sentiero più duro finora e ogni passo è stato doloroso.**

To je bila najtežja pot doslej in vsak korak je bil boleč.

Il fiume Thirty Mile non era ghiacciato e scorreva impetuoso.

Reka Trideset milj ni zamrznila in je divje derela.

**Soltanto nei punti calmi e nei vortici il ghiaccio riusciva a resistere.**

Le na mirnih mestih in v vrtinčastih vrtincih se je led uspel zadržati.

**Trascorsero sei giorni di duro lavoro per percorrere le trenta miglia.**

Šest dni trdega dela je minilo, preden so prevozili trideset milj.

**Ogni miglio del sentiero porta con sé pericoli e minacce di morte.**

Vsak kilometer poti je prinašal nevarnost in grožnjo smrti.

**Uomini e cani rischiavano la vita a ogni passo doloroso.**

Moški in psi so tvegali svoja življenja z vsakim bolečim korakom.

**Perrault riuscì a superare i sottili ponti di ghiaccio una dozzina di volte.**

Perrault je tanke ledene mostove prebil ducat različnih krat.

**Prese un palo e lo lasciò cadere nel buco creato dal suo corpo.**

Nosil je palico in jo spustil čez luknjo, ki jo je naredilo njegovo telo.

**Quel palo salvò Perrault più di una volta dall'annegamento.**

Ta palica je Perraulta večkrat rešila pred utopitvijo.

**L'ondata di freddo persisteva, la temperatura era di cinquanta gradi sotto zero.**

Hladen sunek se je vztrajno obdržal, zrak je bil petdeset stopinj pod ničlo.

**Ogni volta che cadeva, Perrault era costretto ad accendere un fuoco per sopravvivere.**

Vsakič, ko je padel noter, je moral Perrault zakuriti ogenj, da bi preživel.

**Gli abiti bagnati si congelavano rapidamente, perciò li faceva asciugare vicino al calore cocente.**

Mokra oblačila so hitro zmrznila, zato jih je sušil blizu močne vročine.

**Perrault non provava mai paura, e questo faceva di lui un corriere.**

Perraulta ni nikoli prevzel strah, in to ga je naredilo za kurirja.

**Fu scelto per affrontare il pericolo e lo affrontò con silenziosa determinazione.**

Izbran je bil za nevarnost in jo je sprejel s tiho odločnostjo.

**Si spinse in avanti controvento, con il viso raggrinzito e congelato.**

Tiskal se je naprej v veter, njegov zgužvani obraz je bil ozebel.

**Perrault li guidò in avanti dall'alba al tramonto.**

Od blede zore do mraka jih je Perrault vodil naprej.

**Camminava sul ghiaccio sottile che scricchiolava a ogni passo.**

Hodil je po ozkem ledenem robu, ki je počil z vsakim korakom.

**Non osavano fermarsi: ogni pausa rischiava di provocare un crollo mortale.**

Niso si upali ustaviti – vsak premor je tvegal smrtonosni zlom.

**Una volta la slitta si ruppe, trascinando dentro Dave e Buck.**

Enkrat so se sani prebile in potegnile Davea in Bucka noter.

**Quando furono liberati, entrambi erano quasi congelati.**

Ko so ju izvlekli na prostost, sta bila oba skoraj zmrznjena.

**Gli uomini accesero rapidamente un fuoco per salvare Buck e Dave.**

Moški so hitro zakurili ogenj, da bi Bucka in Davea ohranili pri življenju.

**I cani erano ricoperti di ghiaccio dal naso alla coda, rigidi come legno intagliato.**

Psi so bili od smrčka do repa prekriti z ledom, togi kot izrezljan les.

**Gli uomini li fecero correre in cerchio vicino al fuoco per scongelarne i corpi.**

Moški so jih vodili v krogih blizu ognja, da bi se jim telesa odtalila.

**Si avvicinarono così tanto alle fiamme che la loro pelliccia rimase bruciacchiata.**

Prišli so tako blizu plamenov, da jim je bila dlaka ožgana.

**Spitz ruppe poi il ghiaccio, trascinando dietro di sé la squadra.**

Spitz je naslednji prebil led in za seboj potegnil ekipo.

**La frenata arrivava fino al punto in cui Buck stava tirando.**

Odmor je segal vse do mesta, kjer je Buck vlekel.

**Buck si appoggiò bruscamente allo schienale, con le zampe che scivolavano e tremavano sul bordo.**

Buck se je močno naslonil nazaj, šape so mu drsele in se tresle na robu.

**Anche Dave si sforzò all'indietro, proprio dietro Buck sulla linea.**

Tudi Dave se je napenjal nazaj, tik za Buckom na vrvi.

**François tirava la slitta e i suoi muscoli scricchiolavano per lo sforzo.**

François je vlekel sani, mišice so mu pokale od napora.

**Un'altra volta, il ghiaccio del bordo si è crepato davanti e dietro la slitta.**

Drugič je ledeni rob počil pred in za sanmi.

**Non avevano altra via d'uscita se non quella di arrampicarsi su una parete ghiacciata.**

Niso imeli druge poti ven, kot da so splezali na zamrznjeno pečino.

**In qualche modo Perrault riuscì a scalare il muro: un miracolo lo tenne in vita.**

Perrault je nekako splezal na zid; čudež ga je ohranil pri življenju.

**François rimase sottocoperta, pregando che gli capitasse la stessa fortuna.**

François je ostal spodaj in molil za enako srečo.

**Legarono ogni cinghia, legatura e tirante in un'unica lunga corda.**

Vsak trak, vrv in sled so zvezali v eno dolgo vrv.

**Gli uomini trascinarono i cani uno alla volta fino in cima.**

Moški so vsakega psa, enega za drugim, vlekli na vrh.

**François salì per ultimo, dopo la slitta e tutto il carico.**

François se je povzpel zadnji, za sanmi in celotnim tovorom.

**Poi iniziò una lunga ricerca di un sentiero che scendesse dalle scogliere.**
Nato se je začelo dolgo iskanje poti navzdol s pečin.

**Alla fine scesero utilizzando la stessa corda che avevano costruito.**
Končno so se spustili z isto vrvjo, ki so jo naredili.

**Scese la notte mentre tornavano al letto del fiume, esausti e doloranti.**
Zmračilo se je, ko so se izčrpani in boleči vrnili v rečno strugo.

**Avevano impiegato un giorno intero per percorrere solo un quarto di miglio.**
Cel dan so porabili za prevoz le četrt milje.

**Quando giunsero all'Hootalinqua, Buck era sfinito.**
Ko so prispeli do Hootalinque, je bil Buck izčrpan.

**Anche gli altri cani soffrivano le stesse condizioni del sentiero.**
Drugi psi so zaradi razmer na poti trpeli prav tako hudo.

**Ma Perrault aveva bisogno di recuperare tempo e li spingeva avanti giorno dopo giorno.**
Toda Perrault je moral vzeti čas nazaj in jih je vsak dan pospeševal.

**Il primo giorno percorsero trenta miglia fino a Big Salmon.**
Prvi dan so prepotovali trideset milj do Big Salmona.

**Il giorno dopo percorsero trentacinque miglia fino a Little Salmon.**
Naslednji dan so prepotovali petintrideset milj do Little Salmona.

**Il terzo giorno percorsero quaranta miglia ghiacciate.**
Tretji dan so se prebili skozi dolga štirideseta kilometra, po katerih so zmrznili.

**A quel punto si stavano avvicinando all'insediamento di Five Fingers.**
Takrat so se že bližali naselju Pet prstov.

**I piedi di Buck erano più morbidi di quelli duri degli husky autoctoni.**
Buckove noge so bile mehkejše od trdih nog domačih haskijev.

**Le sue zampe erano diventate tenere nel corso di molte generazioni civilizzate.**

Njegove šape so se v mnogih civiliziranih generacijah omehčale.

**Molto tempo fa, i suoi antenati erano stati addomesticati dagli uomini del fiume o dai cacciatori.**

Njegove prednike so davno udomačili rečni možje ali lovci.

**Ogni giorno Buck zoppicava per il dolore, camminando con le zampe screpolate e doloranti.**

Buck je vsak dan šepal od bolečin in hodil po raztrganih, bolečih tacah.

**Giunto all'accampamento, Buck cadde come un corpo senza vita sulla neve.**

V taboru se je Buck zgrudil na sneg kot brezživo telo.

**Sebbene fosse affamato, Buck non si alzò per consumare il pasto serale.**

Čeprav je bil sestradan, Buck ni vstal, da bi pojedel večerjo.

**François portò la sua razione a Buck, mettendogli del pesce vicino al muso.**

François je prinesel Bucku njegov obrok, pri čemer mu je položil ribe k gobcu.

**Ogni notte l'autista massaggiava i piedi di Buck per mezz'ora.**

Vsako noč je voznik pol ure masiral Buckove noge.

**François arrivò persino a tagliare i suoi mocassini per farne delle calzature per cani.**

François je celo sam razrezal svoje mokasine, da bi iz njih naredil pasjo obutev.

**Quattro scarpe calde diedero a Buck un grande e gradito sollievo.**

Štirje topli čevlji so Bucku prinesli veliko in dobrodošlo olajšanje.

**Una mattina François dimenticò le scarpe e Buck si rifiutò di alzarsi.**

Nekega jutra je François pozabil čevlje, Buck pa ni hotel vstati.

**Buck giaceva sulla schiena, con i piedi in aria, e li agitava in modo pietoso.**

Buck je ležal na hrbtu z nogami v zraku in jih žalostno mahal.

**Persino Perrault sorrise alla vista dell'appello drammatico di Buck.**

Celo Perrault se je zarežal ob pogledu na Buckovo dramatično prošnjo.

**Ben presto i piedi di Buck diventarono duri e le scarpe poterono essere tolte.**

Kmalu so Buckove noge otrdele in čevlje je lahko zavrgel.

**A Pelly, durante il periodo in cui veniva imbrigliata, Dolly emise un ululato terribile.**

Pri Pellyju je Dolly med vprego grozljivo zavpila.

**Il grido era lungo e pieno di follia, e fece tremare tutti i cani.**

Krik je bil dolg in poln norosti, stresel je vsakega psa.

**Ogni cane si rizzava per la paura, senza capirne il motivo.**

Vsak pes se je od strahu naježil, ne da bi vedel za razlog.

**Dolly era impazzita e si era scagliata contro Buck.**

Dolly je ponorela in se vrgla naravnost na Bucka.

**Buck non aveva mai visto la follia, ma l'orrore gli riempì il cuore.**

Buck še nikoli ni videl norosti, a groza mu je napolnila srce.

**Senza pensarci due volte, si voltò e fuggì in preda al panico più assoluto.**

Brez pomisleka se je obrnil in v popolni paniki zbežal.

**Dolly lo inseguì, con gli occhi selvaggi e la saliva che le colava dalle fauci.**

Dolly ga je lovila, z divjimi očmi in slino, ki ji je letela iz čeljusti.

**Si tenne sempre dietro a Buck, senza mai guadagnare terreno e senza mai indietreggiare.**

Držala se je tik za Buckom, ga nikoli ni dohitevala in nikoli ni nazadovala.

**Buck corse attraverso i boschi, giù per l'isola, sul ghiaccio frastagliato.**

Buck je tekel skozi gozd, po otoku, čez nazobčan led.

**Attraversò un'isola, poi un'altra, per poi tornare indietro verso il fiume.**

Prečkal je do enega otoka, nato do drugega in se nato vrnil k reki.

**Dolly continuava a inseguirlo, ringhiando sempre più forte a ogni passo.**

Dolly ga je še vedno lovila in renčala za njim na vsakem koraku.

**Buck poteva sentire il suo respiro e la sua rabbia, anche se non osava voltarsi indietro.**

Buck je slišal njeno dihanje in bes, čeprav si ni upal pogledati nazaj.

**François gridò da lontano e Buck si voltò verso la voce.**

François je zavpil od daleč in Buck se je obrnil proti glasu.

**Ancora senza fiato, Buck corse oltre, riponendo ogni speranza in François.**

Buck je še vedno lovil sapo in stekel mimo, vse upanje pa je polagal v Françoisa.

**Il conducente del cane sollevò un'ascia e aspettò che Buck gli passasse accanto.**

Gonič psa je dvignil sekiro in čakal, ko je Buck priletel mimo.

**L'ascia calò rapidamente e colpì la testa di Dolly con forza mortale.**

Sekira se je hitro spustila in s smrtonosno silo udarila Dolly v glavo.

**Buck crollò vicino alla slitta, ansimando e incapace di muoversi.**

Buck se je zgrudil blizu sani, sopihal in se ni mogel premakniti.

**Quel momento diede a Spitz la possibilità di colpire un nemico esausto.**

Ta trenutek je Spitzu dal priložnost, da udari izčrpanega nasprotnika.

**Morse Buck due volte, strappandogli la carne fino all'osso bianco.**

Dvakrat je ugriznil Bucka in mu raztrgal meso do bele kosti.

**La frusta di François schioccò, colpendo Spitz con tutta la sua forza, con furia.**

Françoisov bič je počil in Spitza udaril z vso, besno silo.

**Buck guardò con gioia Spitz mentre riceveva il pestaggio più duro fino a quel momento.**

Buck je z veseljem opazoval, kako je Spitz prejel svoje najhujše pretepe doslej.

**«È un diavolo, quello Spitz», borbottò Perrault tra sé e sé.**

„Pravi hudič je, ta Spitz," si je Perrault mračno zamrmral.

**"Un giorno o l'altro, quel cane maledetto ucciderà Buck, lo giuro."**

"Kmalu bo ta prekleti pes ubil Bucka – prisežem."

**«Quel Buck ha due diavoli dentro di sé», rispose François annuendo.**

„Ta Buck ima v sebi dva hudiča," je odgovoril François s kimanjem.

**"Quando osservo Buck, so che dentro di lui si cela qualcosa di feroce."**

"Ko gledam Bucka, vem, da v njem čaka nekaj divjega."

**"Un giorno, si infurierà come il fuoco e farà a pezzi Spitz."**

"Nekega dne bo ponorel kot ogenj in raztrgal Špica na koščke."

**"Masticherà quel cane e lo sputerà sulla neve ghiacciata."**

"Tega psa bo prežvečil in izpljunil na zmrznjen sneg."

**"Certo, lo so fin nel profondo."**

"Seveda, to vem globoko v sebi."

**Da quel momento in poi, i due cani furono in guerra tra loro.**

Od tistega trenutka naprej sta bila psa ukleščena v vojno.

**Spitz guidava la squadra e deteneva il potere, ma Buck lo sfidava.**

Spitz je vodil ekipo in imel moč, toda Buck je to izzval.

**Spitz si rese conto che il suo rango era minacciato da questo strano straniero del Sud.**

Spitz je videl, da mu ta nenavadni tujec iz Južne Anglije ogroža položaj.

**Buck era diverso da tutti i cani del sud che Spitz aveva conosciuto fino ad allora.**

Buck ni bil podoben nobenemu južnjaškemu psu, ki ga je Spitz poznal prej.

**La maggior parte di loro fallì: troppo deboli per sopravvivere al freddo e alla fame.**

Večina jih je propadla – bili so prešibki, da bi preživeli mraz in lakoto.

**Morirono rapidamente a causa del lavoro, del gelo e del lento bruciare della carestia.**

Hitro so umirali zaradi dela, zmrzali in počasnega gorenja lakote.

**Buck si distingueva: ogni giorno più forte, più intelligente e più selvaggio.**

Buck je stal izven sebe – močnejši, pametnejši in vsak dan bolj divji.

**Ha prosperato nonostante le difficoltà, crescendo al pari degli husky del nord.**

V stiski je uspeval in zrasel, da bi se lahko kosal s severnimi haskiji.

**Buck era dotato di forza, abilità straordinaria e un istinto paziente e letale.**

Buck je imel moč, divjo spretnost in potrpežljiv, smrtonosni nagon.

**L'uomo con la mazza aveva annientato Buck per fargli perdere la temerarietà.**

Mož s palico je Bucka pretepel.

**La furia cieca se n'era andata, sostituita da un'astuzia silenziosa e dal controllo.**

Slepa jeza je izginila, nadomestila jo je tiha zvitost in nadzor.

**Attese, calmo e primordiale, in attesa del momento giusto.**

Čakal je, miren in prvinski, iskal je pravi trenutek.

**La loro lotta per il comando divenne inevitabile e chiara.**

Njihov boj za poveljstvo je postal neizogiben in jasen.

**Buck desiderava la leadership perché il suo spirito la richiedeva.**

Buck si je želel vodstva, ker je to zahteval njegov duh.

**Era spinto da quello strano orgoglio che nasceva dal sentiero e dall'imbracatura.**

Gnal ga je nenavaden ponos, rojen iz poti in vprege.

**Quell'orgoglio faceva sì che i cani tirassero fino a crollare sulla neve.**

Zaradi tega ponosa so psi vlekli, dokler se niso zgrudili na sneg.

**L'orgoglio li spinse a dare tutta la forza che avevano.**

Ponos jih je zvabil, da so dali vso svojo moč.

**L'orgoglio può trascinare un cane da slitta fino al punto di ucciderlo.**

Ponos lahko zvabi vprežnega psa celo do smrti.

**Perdere l'imbracatura rendeva i cani deboli e senza scopo.**

Izguba oprsnice je pse pustila zlomljene in brez smisla.

**Il cuore di un cane da slitta può essere spezzato dalla vergogna quando va in pensione.**

Srce vlečnega psa lahko ob upokojitvi strje sram.

**Dave viveva con questo orgoglio mentre trascinava la slitta da dietro.**

Dave je živel s tem ponosom, ko je vlekel sani od zadaj.

**Anche Solleks diede il massimo con cupa forza e lealtà.**

Tudi Solleks je dal vse od sebe z mračno močjo in zvestobo.

**Ogni mattina l'orgoglio li trasformava da amareggiati a determinati.**

Vsako jutro jih je ponos iz zagrenjenih spremenil v odločne.

**Spinsero per tutto il giorno, poi tacquero una volta giunti alla fine dell'accampamento.**

Ves dan so se prebijali, nato pa so na koncu tabora utihnili.

**Quell'orgoglio diede a Spitz la forza di mettere in riga i fannulloni.**

Ta ponos je dal Spitzu moč, da je premagal tiste, ki so se izogibali kazni.

**Spitz temeva Buck perché Buck nutriva lo stesso profondo orgoglio.**

Spitz se je bal Bucka, ker je Buck nosil isti globok ponos.

**L'orgoglio di Buck ora si agitò contro Spitz, ma lui non si fermò.**

Buckov ponos se je zdaj zbudil proti Spitzu in ni se ustavil.

**Buck sfidò il potere di Spitz e gli impedì di punire i cani.**

Buck je kljuboval Spitzovi moči in mu preprečil, da bi kaznoval pse.

**Quando gli altri fallivano, Buck si frapponeva tra loro e il loro capo.**

Ko je drugim spodletelo, je Buck stopil mednje in njihovega vodjo.

**Lo fece con intenzione, rendendo la sua sfida aperta e chiara.**

To je storil namerno, s čimer je svoj izziv postavil odprto in jasno.

**Una notte una forte nevicata coprì il mondo in un profondo silenzio.**

Neke noči je močan sneg zakril svet v globoko tišino.

**La mattina dopo, Pike, pigro come sempre, non si alzò per andare al lavoro.**

Naslednje jutro Pike, len kot vedno, ni vstal za delo.

**Rimase nascosto nel suo nido sotto uno spesso strato di neve.**

Skril se je v svojem gnezdu pod debelo plastjo snega.

**François gridò e cercò, ma non riuscì a trovare il cane.**

François je poklical in iskal, vendar psa ni mogel najti.

**Spitz si infuriò e si scagliò contro l'accampamento coperto di neve.**

Spitz se je razjezil in se pognal skozi zasneženi tabor.

**Ringhiò e annusò, scavando freneticamente con gli occhi fiammeggianti.**

Rjovel je in vohal, divje kopal z gorečimi očmi.

**La sua rabbia era così violenta che Pike tremava sotto la neve per la paura.**

Njegova jeza je bila tako silovita, da se je Ščuka od strahu tresla pod snegom.

**Quando finalmente Pike fu trovato, Spitz si lanciò per punire il cane nascosto.**

Ko so Pikea končno našli, se je Spitz pognal, da bi kaznoval skritega psa.

**Ma Buck si scagliò tra loro con una furia pari a quella di Spitz.**

Toda Buck je skočil med njiju z besom, enakim Spitzovemu.

**L'attacco fu così improvviso e astuto che Spitz cadde a terra.**

Napad je bil tako nenaden in spreten, da je Spitz padel z nog.

**Pike, che tremava, trasse coraggio da questa sfida.**

Pike, ki se je tresel, je zaradi tega kljubovanja dobil pogum.

**Seguendo l'audace esempio di Buck, saltò sullo Spitz caduto.**

Skočil je na padlega Špica in sledil Buckovemu drznemu zgledu.

**Buck, non più vincolato dall'equità, si unì allo sciopero di Spitz.**

Buck, ki ga ni več vezovala pravičnost, se je pridružil stavki na Spitzu.

**François, divertito ma fermo nella disciplina, agitò la sua pesante frusta.**

François, zabavan, a hkrati odločen v disciplini, je zamahnil s težkim bičem.

**Colpì Buck con tutta la sua forza per interrompere la rissa.**

Z vso močjo je udaril Bucka, da bi prekinil pretep.

**Buck si rifiutò di muoversi e rimase in groppa al capo caduto.**

Buck se ni hotel premakniti in je ostal na vrhu padlega vodje.

**François allora usò il manico della frusta e colpì Buck con violenza.**

François je nato uporabil ročaj biča in močno udaril Bucka.

**Barcollando per il colpo, Buck cadde all'indietro sotto l'assalto.**

Buck se je opotekel od udarca in se pod napadom zgrudil nazaj.

**François colpì più volte mentre Spitz puniva Pike.**

François je znova in znova udarjal, medtem ko je Spitz kaznoval Pikea.


**Passarono i giorni e Dawson City si avvicinava sempre di più.**

Dnevi so minevali in Dawson City se je vedno bolj približeval.

**Buck continuava a intromettersi, infilandosi tra Spitz e gli altri cani.**

Buck se je nenehno vmešaval in se vtikal med Špica in druge pse.

**Sceglieva bene i suoi momenti, aspettando sempre che François se ne andasse.**

Dobro je izbiral trenutke in vedno čakal, da François odide.

**La ribellione silenziosa di Buck si diffuse e il disordine prese piede nella squadra.**

Buckov tihi upor se je širil in v ekipi se je ukoreninil nered.

**Dave e Solleks rimasero leali, ma altri diventarono indisciplinati.**

Dave in Solleks sta ostala zvesta, drugi pa so postali neubogljivi.

**La squadra peggiorò: divenne irrequieta, litigiosa e fuori luogo.**

Ekipa je postajala vse slabša – nemirna, prepirljiva in neprimerna.

**Ormai niente filava liscio e le liti diventavano all'ordine del giorno.**

Nič več ni delovalo gladko in prepiri so postali nekaj običajnega.

**Buck rimase sempre al centro dei guai, provocando disordini.**

Buck je ostal v središču težav in vedno izzival nemire.

**François rimase vigile, temendo la lotta tra Buck e Spitz.**

François je ostal pozoren, saj se je bal pretepa med Buckom in Spitzem.

**Ogni notte veniva svegliato da zuffe e temeva che finalmente fosse arrivato l'inizio.**

Vsako noč so ga prebujali pretepi, saj se je bal, da je končno prišel začetek.

**Balzò fuori dalla veste, pronto a interrompere la rissa.**

Skočil je s svoje halje, pripravljen prekiniti pretep.

**Ma il momento non arrivò mai e alla fine raggiunsero Dawson.**

Vendar trenutek ni nikoli prišel in končno so prispeli v Dawson.

**La squadra entrò in città in un pomeriggio cupo, teso e silenzioso.**

Ekipa je nekega mračnega popoldneva vstopila v mesto, napeta in tiha.

**La grande battaglia per la leadership era ancora sospesa nell'aria gelida.**

Veliki boj za vodstvo je še vedno visel v ledenem zraku.

**Dawson era piena di uomini e cani da slitta, tutti impegnati nel lavoro.**

Dawson je bil poln moških in vprežnih psov, vsi zaposleni z delom.

**Buck osservava i cani trainare i carichi dalla mattina alla sera.**

Buck je od jutra do večera opazoval pse, kako vlečejo tovore.

**Trasportavano tronchi e legna da ardere e spedivano rifornimenti alle miniere.**

Prevažali so hlode in drva, prevažali zaloge v rudnike.

**Nel Southland, dove un tempo lavoravano i cavalli, ora lavoravano i cani.**

Kjer so nekoč na jugu delali konji, so zdaj delali psi.

**Buck vide alcuni cani provenienti dal Sud, ma la maggior parte erano husky simili a lupi.**

Buck je videl nekaj psov z juga, vendar je bila večina volkov podobnih haskijev.

**Di notte, puntuali come un orologio, i cani alzavano la voce e cantavano.**

Ponoči so psi, kot ura, dvignili glas v pesmi.

**Alle nove, a mezzanotte e di nuovo alle tre, il canto cominciò.**

Ob devetih, ob polnoči in spet ob treh se je začelo petje.

**Buck amava unirsi al loro canto inquietante, selvaggio e antico nel suono.**

Buck se je rad pridružil njihovemu srhljivemu napevu, divjemu in starodavnemu po zvoku.

**L'aurora fiammeggiava, le stelle danzavano e la neve ricopriva la terra.**

Aurora je gorela, zvezde so plesale in sneg je prekrival deželo.

**Il canto dei cani si elevava come un grido contro il silenzio e il freddo pungente.**

Pasji spev se je dvignil kot krik proti tišini in hudemu mrazu.

**Ma il loro urlo esprimeva tristezza, non sfida, in ogni lunga nota.**

Toda v vsakem dolgem tonu je bilo čutiti žalost, ne kljubovanja.

**Ogni lamento era pieno di supplica: il peso stesso della vita.**

Vsak jok je bil poln prošenj; breme samega življenja.

**Quella canzone era vecchia, più vecchia delle città e più vecchia degli incendi**

Ta pesem je bila stara – starejša od mest in starejša od požarov

**Quel canto era più antico perfino delle voci degli uomini.**

Ta pesem je bila celo starejša od človeških glasov.

**Era una canzone del mondo dei giovani, quando tutte le canzoni erano tristi.**

Bila je pesem iz mladega sveta, ko so bile vse pesmi žalostne.

**La canzone porta con sé il dolore di innumerevoli generazioni di cani.**

Pesem je nosila žalost neštetih generacij psov.

**Buck percepì profondamente la melodia, gemendo per un dolore radicato nei secoli.**

Buck je melodijo začutil globoko, stokal je od bolečine, zakoreninjene v stoletjih.

**Singhiozzava per un dolore antico quanto il sangue selvaggio nelle sue vene.**

Jokal je od žalosti, stare kot divja kri v njegovih žilah.

**Il freddo, l'oscurità e il mistero toccarono l'anima di Buck.**

Mraz, tema in skrivnost so se dotaknili Buckove duše.

**Quella canzone dimostrava quanto Buck fosse tornato alle sue origini.**

Ta pesem je dokazala, kako daleč se je Buck vrnil k svojim koreninam.

**Tra la neve e gli ululati aveva trovato l'inizio della sua vita.**

Skozi sneg in tuljenje je našel začetek svojega življenja.


**Sette giorni dopo l'arrivo a Dawson, ripartirono.**

Sedem dni po prihodu v Dawson so se znova odpravili na pot.

**La squadra si è lanciata dalla caserma fino allo Yukon Trail.**

Ekipa se je iz vojašnice spustila na Yukon Trail.

**Iniziarono il viaggio di ritorno verso Dyea e Salt Water.**

Začeli so pot nazaj proti Dyei in Salt Waterju.

**Perrault trasmise dispacci ancora più urgenti di prima.**

Perrault je prenašal še bolj nujne pošiljke kot prej.

**Era anche preso dall'orgoglio per la corsa e puntava a stabilire un record.**

Prevzel ga je tudi ponos na pot in si je zadal cilj postaviti rekord.

**Questa volta Perrault aveva diversi vantaggi.**

Tokrat je bilo več prednosti na Perraultovi strani.

**I cani avevano riposato per un'intera settimana e avevano ripreso le forze.**

Psi so počivali cel teden in si povrnili moči.

**La pista che avevano tracciato era ora battuta da altri.**

Pot, ki so jo utrli, so zdaj utrli drugi.

**In alcuni punti la polizia aveva immagazzinato cibo sia per i cani che per gli uomini.**

Ponekod je policija shranila hrano tako za pse kot za moške.

**Perrault viaggiava leggero, si muoveva velocemente e aveva poco a cui aggrapparsi.**

Perrault je potoval z malo prtljage, hitro se je gibal in ga ni bilo kaj obremenjevati.

**La prima sera raggiunsero la Sixty-Mile, una corsa lunga 50 miglia.**

Prvo noč so dosegli Sixty-Mile, petdeset milj dolg tek.

**Il secondo giorno risalirono rapidamente lo Yukon in direzione di Pelly.**

Drugi dan so hiteli po Yukonu proti Pellyju.

**Ma questi grandi progressi comportarono anche molta fatica per François.**

Toda takšen lep napredek je za Françoisa prinesel veliko truda.

**La ribellione silenziosa di Buck aveva infranto la disciplina della squadra.**

Buckov tihi upor je razbil disciplino v ekipi.

**Non si univano più come un'unica bestia al comando.**

Niso več vlekli skupaj kot ena zver na vajetih.

**Buck aveva spinto altri alla sfida con il suo coraggioso esempio.**

Buck je s svojim drznim zgledom druge speljal v kljubovanje.

**L'ordine di Spitz non veniva più accolto con timore o rispetto.**

Spitzovega ukaza niso več sprejemali s strahom ali spoštovanjem.

**Gli altri persero ogni timore reverenziale nei suoi confronti e osarono opporsi al suo governo.**

Drugi so izgubili strahospoštovanje do njega in si drznili upreti njegovi vladavini.

**Una notte, Pike rubò mezzo pesce e lo mangiò sotto gli occhi di Buck.**

Neke noči je Pike ukradel pol ribe in jo pojedel pred Buckovim očesom.

**Un'altra notte, Dub e Joe combatterono contro Spitz e rimasero impuniti.**

Drugo noč sta se Dub in Joe borila s Spitzom in ostala nekaznovana.

**Anche Billee gemette meno dolcemente e mostrò una nuova acutezza.**

Celo Billee je manj sladko cvilila in pokazala novo ostrino.

**Buck ringhiava a Spitz ogni volta che si incrociavano.**

Buck je vsakič, ko sta se križala, renčal na Spitza.

**L'atteggiamento di Buck divenne audace e minaccioso, quasi come quello di un bullo.**

Buckov odnos je postajal drzen in grozeč, skoraj kot pri nasilnežu.

**Camminava avanti e indietro davanti a Spitz con un'andatura spavalda e piena di minaccia beffarda.**

Pred Spitzom je hodil bahavo, polno posmehljive grožnje.

**Questo crollo dell'ordine si diffuse anche tra i cani da slitta.**

Ta propad reda se je razširil tudi med sankalnimi psi.

**Litigarono e discussero più che mai, riempiendo l'accampamento di rumore.**

Prepirali in prepirali so se bolj kot kdaj koli prej, kar je tabor napolnilo s hrupom.

**Ogni notte la vita nel campeggio si trasformava in un caos selvaggio e ululante.**

Življenje v taboru se je vsako noč spremenilo v divji, tuleči kaos.

**Solo Dave e Solleks rimasero fermi e concentrati.**

Le Dave in Solleks sta ostala mirna in osredotočena.

**Ma anche loro diventarono irascibili a causa delle continue risse.**

A tudi oni so zaradi nenehnih pretepov postali razdražljivi.

**François imprecò in lingue strane e batté i piedi per la frustrazione.**

François je preklinjal v čudnih jezikih in od frustracije topotal z nogami.

**Si strappò i capelli e urlò mentre la neve gli volava sotto i piedi.**

Pulil si je lase in kričal, medtem ko je sneg letel pod nogami.

**La sua frusta schioccò contro il gruppo, ma a malapena riuscì a tenerli in riga.**

Njegov bič je švignil čez krdelo, a jih je komaj zadržal v vrsti.

**Ogni volta che voltava le spalle, la lotta ricominciava.**

Kadar koli je obrnil hrbet, se je boj znova razplamtel.

**François usò la frusta per Spitz, mentre Buck guidava i ribelli.**

François je bič uporabil za Spitza, medtem ko je Buck vodil upornike.

**Ognuno conosceva il ruolo dell'altro, ma Buck evitava di addossare ogni colpa.**

Vsak je poznal vlogo drugega, vendar se je Buck izogibal vsakršni krivdi.

**François non ha mai colto Buck mentre iniziava una rissa o si sottraeva al suo lavoro.**

François ni nikoli zalotil Bucka pri začenjanju pretepa ali izogibanju delu.

**Buck lavorava duramente ai finimenti: la fatica ora gli dava entusiasmo.**

Buck je trdo delal v vpregi – delo je zdaj navduševalo njegovega duha.

**Ma trovava ancora più gioia nel fomentare risse e caos nell'accampamento.**

Še več veselja pa je našel v povzročanju pretepov in kaosa v taboru.

**Una sera, alla foce del Tahkeena, Dub spaventò un coniglio.**

Nekega večera je Dub pri Tahkeeninih ustih prestrašil zajca.

**Mancò la presa e il coniglio con la racchetta da neve balzò via.**

Zgrešil je ulov in zajec na krpljah je odskočil.

**Nel giro di pochi secondi, l'intera squadra di slitte si lanciò all'inseguimento, gridando a squarciagola.**

V nekaj sekundah se je celotna sančna ekipa z divjimi kriki pognala v lov.

**Nelle vicinanze, un accampamento della polizia del nord-ovest ospitava cinquanta cani husky.**

V bližini je bilo v taboru severozahodne policije nastanjenih petdeset haskijev.

**Si unirono alla caccia, scendendo insieme il fiume ghiacciato.**

Pridružila sta se lovu in skupaj sta se spuščala po zamrznjeni reki.

**Il coniglio lasciò il fiume e fuggì lungo il letto ghiacciato di un ruscello.**

Zajec je zavil z reke in zbežal po zamrznjeni strugi potoka navzgor.

**Il coniglio saltellava leggero sulla neve mentre i cani si facevano strada a fatica.**

Zajec je rahlo poskakoval po snegu, medtem ko so se psi prebijali skoznje.

**Buck guidava l'enorme branco di sessanta cani attorno a ogni curva tortuosa.**

Buck je vodil ogromno krdelo šestdesetih psov okoli vsakega vijugastega ovinka.

**Si spinse in avanti, basso e impaziente, ma non riuscì a guadagnare terreno.**

Pognal se je naprej, nizko in zagnano, a ni mogel pridobiti prostora.

**Il suo corpo brillava sotto la pallida luna a ogni potente balzo.**

Njegovo telo se je ob vsakem močnem skoku bliskalo pod bledo luno.

**Davanti a loro, il coniglio si muoveva come un fantasma, silenzioso e troppo veloce per essere catturato.**

Pred nami se je zajec premikal kot duh, tih in prehiter, da bi ga ujel.

**Tutti quei vecchi istinti, la fame, l'eccitazione, attraversarono Buck.**

Vsi tisti stari nagoni – lakota, vznemirjenje – so preplavili Bucka.

**A volte gli esseri umani avvertono questo istinto e sono spinti a cacciare con armi da fuoco e proiettili.**

Ljudje včasih čutijo ta nagon, ki jih žene k lovu s puško in kroglo.

**Ma Buck provava questa sensazione a un livello più profondo e personale.**

Toda Buck je ta občutek čutil na globlji in bolj osebni ravni.

**Non riuscivano a percepire la natura selvaggia nel loro sangue come Buck.**

Divjine v svoji krvi niso mogli čutiti tako, kot jo je čutil Buck.

**Inseguiva la carne viva, pronto a uccidere con i denti e ad assaggiare il sangue.**

Lovil je živo meso, pripravljen ubiti z zobmi in okusiti kri.

**Il suo corpo si tendeva per la gioia, desiderando immergersi nel caldo rosso della vita.**

Njegovo telo se je napelo od veselja, želelo se je okopati v topli rdeči barvi življenja.

**Una strana gioia segna il punto più alto che la vita possa mai raggiungere.**

Nenavadno veselje označuje najvišjo točko, ki jo lahko življenje doseže.

La sensazione di raggiungere un picco in cui i vivi dimenticano di essere vivi.

Občutek vrha, kjer živi pozabijo, da so sploh živi.

Questa gioia profonda tocca l'artista immerso in un'ispirazione ardente.

To globoko veselje se dotakne umetnika, izgubljenega v žarečem navdihu.

Questa gioia afferra il soldato che combatte selvaggiamente e non risparmia alcun nemico.

To veselje prevzame vojaka, ki se divje bori in ne prizanaša nobenemu sovražniku.

Questa gioia ora colpì Buck mentre guidava il branco in preda alla fame primordiale.

To veselje je zdaj prevzelo Bucka, ko je v prvinski lakoti vodil krdelo.

Ululò con l'antico grido del lupo, emozionato per l'inseguimento.

Zavil je s starodavnim volčjim krikom, navdušen nad živim lovom.

Buck fece appello alla parte più antica di sé, persa nella natura selvaggia.

Buck se je dotaknil najstarejšega dela sebe, izgubljenega v divjini.

Scavò in profondità dentro di sé, oltre la memoria, fino al tempo grezzo e antico.

Segel je globoko v sebe, mimo spomina, v surov, starodavni čas.

Un'ondata di vita pura pervase ogni muscolo e tendine.

Val čistega življenja je preplavil vsako mišico in kito.

Ogni salto gridava che viveva, che attraversava la morte.

Vsak skok je kričal, da živi, da se premika skozi smrt.

Il suo corpo si librava gioioso su una terra immobile e fredda che non si muoveva mai.

Njegovo telo se je veselo dvigalo nad mirno, hladno zemljo, ki se ni nikoli premaknila.

Spitz rimase freddo e astuto anche nei suoi momenti più selvaggi.

Spitz je ostal hladen in prebrisan, tudi v svojih najbolj divjih trenutkih.

**Lasciò il sentiero e attraversò un terreno dove il torrente formava una curva ampia.**

Zapustil je pot in prečkal deželo, kjer se je potok široko zavil.

**Buck, ignaro di ciò, rimase sul sentiero tortuoso del coniglio.**

Buck se tega ni zavedal in je ostal na zajčji vijugasti poti.

**Poi, mentre Buck svoltava dietro una curva, il coniglio spettrale si trovò davanti a lui.**

Potem, ko je Buck zavil za ovinek, se je pred njim pojavil duhu podoben zajec.

**Vide una seconda figura balzare dalla riva precedendo la preda.**

Videl je drugo postavo, ki je skočila z brega pred plenom.

**La figura era Spitz, atterrato proprio sulla traiettoria del coniglio in fuga.**

Postava je bila Spitz, ki je pristal naravnost na poti bežečega zajca.

**Il coniglio non riuscì a girarsi e incontrò le fauci di Spitz a mezz'aria.**

Zajec se ni mogel obrniti in je v zraku srečal Spitzove čeljusti.

**La spina dorsale del coniglio si spezzò con un grido acuto come il grido di un essere umano morente.**

Zajčeva hrbtenica se je zlomila s krikom, ostrim kot krik umirajočega človeka.

**A quel suono, il passaggio dalla vita alla morte, il branco ululò forte.**

Ob tem zvoku – padcu iz življenja v smrt – je krdelo glasno zavpilo.

**Un coro selvaggio si levò da dietro Buck, pieno di oscura gioia.**

Izza Bucka se je zaslišal divji zbor, poln temačnega veselja.

**Buck non emise alcun grido, nessun suono e si lanciò dritto verso Spitz.**

Buck ni zavpil, ni izdal nobenega glasu in se je pognal naravnost v Spitza.

**Mirò alla gola, ma colpì invece la spalla.**

Nameril je v grlo, a je namesto tega zadel ramo.

**Caddero nella neve soffice, i loro corpi erano intrappolati in un combattimento.**

Premetavali so se po mehkem snegu; njihova telesa so se spopadla v boju.

**Spitz balzò in piedi rapidamente, come se non fosse mai stato atterrato.**

Spitz je hitro skočil pokonci, kot da ga sploh nihče ni podrl.

**Colpì Buck alla spalla e poi balzò fuori dalla mischia.**

Udaril je Bucka v ramo in nato skočil iz boja.

**Per due volte i suoi denti schioccarono come trappole d'acciaio, e le sue labbra si arricciarono e si fecero feroci.**

Dvakrat so mu zobje skočili kot jeklene pasti, ustnice so bile stisnjene in divje.

**Arretrò lentamente, cercando un terreno solido sotto i piedi.**

Počasi se je umikal in iskal trdna tla pod nogami.

**Buck comprese il momento all'istante e pienamente.**

Buck je trenutek razumel takoj in popolnoma.

**Il momento era giunto: la lotta sarebbe stata una lotta all'ultimo sangue.**

Prišel je čas; boj se je odvil na življenje in smrt.

**I due cani giravano in cerchio, ringhiando, con le orecchie piatte e gli occhi socchiusi.**

Psa sta krožila okoli njih, renčala, s sploščenimi ušesi in zoženimi očmi.

**Ogni cane aspettava che l'altro mostrasse debolezza o facesse un passo falso.**

Vsak pes je čakal, da drugi pokaže šibkost ali napačen korak.

**Buck percepiva quella scena come stranamente nota e profondamente ricordata.**

Bucku se je prizor zdel nenavadno znan in globoko vtisnjen v spomin.

**I boschi bianchi, la terra fredda, la battaglia al chiaro di luna.**

Beli gozdovi, mrzla zemlja, bitka pod mesečino.

**Un silenzio pesante, profondo e innaturale riempiva la terra.**

Deželo je napolnila težka tišina, globoka in nenaravna.

**Nessun vento si alzava, nessuna foglia si muoveva, nessun suono rompeva il silenzio.**

Noben veter se ni premaknil, noben list se ni premaknil, noben zvok ni prekinil tišine.

**Il respiro dei cani si levava come fumo nell'aria gelida e silenziosa.**

Pasji dih se je dvigal kot dim v ledenem, tihem zraku.

**Il coniglio era stato dimenticato da tempo dal branco di animali selvatici.**

Zajca je trop divjih zveri že zdavnaj pozabil.

**Questi lupi semiaddomesticati ora stavano fermi in un ampio cerchio.**

Ti napol ukročeni volkovi so zdaj stali pri miru v širokem krogu.

**Erano silenziosi, solo i loro occhi luminosi rivelavano la loro fame.**

Bili so tiho, le njihove žareče oči so razkrivale njihovo lakoto.

**Il loro respiro saliva, mentre osservavano l'inizio dello scontro finale.**

Zadržala sta dih, ko sta opazovala začetek zadnjega boja.

**Per Buck questa battaglia era vecchia e attesa, per niente strana.**

Za Bucka je bila ta bitka stara in pričakovana, sploh ne nenavadna.

**Era come il ricordo di qualcosa che doveva accadere da sempre.**

Občutek je bil kot spomin na nekaj, kar se je vedno moralo zgoditi.

**Spitz era un cane da combattimento addestrato, affinato da innumerevoli risse selvagge.**

Špic je bil izurjen bojni pes, izpilen z neštetimi divjimi pretepmi.

**Dallo Spitzbergen al Canada, aveva sconfitto molti nemici.**

Od Spitzbergna do Kanade je obvladal številne sovražnike.

**Era pieno di rabbia, ma non cedette mai il controllo alla rabbia.**

Bil je poln besa, a jeze ni nikoli obvladal.

**La sua passione era acuta, ma sempre temperata dal duro istinto.**

Njegova strast je bila ostra, a vedno jo je krotil trd nagon.

**Non ha mai attaccato finché non ha avuto la sua difesa pronta.**

Nikoli ni napadel, dokler ni imel lastne obrambe.

**Buck provò più volte a raggiungere il collo vulnerabile di Spitz.**

Buck je znova in znova poskušal doseči Spitzov ranljiv vrat.

**Ma ogni colpo veniva accolto da un fendente dei denti affilati di Spitz.**

Toda vsak udarec je bil počaščen z rezom Spitzovih ostrih zob.

**Le loro zanne si scontrarono ed entrambi i cani sanguinarono dalle labbra lacerate.**

Njuni zobje so se spopadli in oba psa sta krvavela iz raztrganih ustnic.

**Nonostante i suoi sforzi, Buck non riusciva a rompere la difesa.**

Ne glede na to, kako se je Buck pognal v napad, ni mogel prebiti obrambe.

**Divenne sempre più furioso e si lanciò verso di lui con violente esplosioni di potenza.**

Postajal je vse bolj besen in planil noter z divjimi izbruhi moči.

**Buck colpì ripetutamente la bianca gola di Spitz.**

Buck je znova in znova udarjal po Spitzovem belem grlu.

**Ogni volta Spitz schivava e contrattaccava con un morso tagliente.**

Spitz se je vsakič izognil in udaril nazaj z rezalnim ugrizom.

**Poi Buck cambiò tattica, avventandosi di nuovo come se volesse colpirlo alla gola.**

Nato je Buck spremenil taktiko in se spet pognal, kot da bi mu šlo za grlo.

**Ma a metà attacco si è ritirato, girandosi per colpire di lato.**

A sredi napada se je umaknil in se obrnil, da bi udaril s strani.

**Colpì Spitz con una spallata, con l'intento di buttarlo a terra.**

Z ramo je zadel Spitza, da bi ga podrl.

**Ogni volta che ci provava, Spitz lo schivava e rispondeva con un fendente.**

Vsakič, ko je poskusil, se je Spitz izognil in odvrnil z udarcem.

**La spalla di Buck si faceva scorticare mentre Spitz si liberava dopo ogni colpo.**

Bucka je bolela rama, ko je Spitz po vsakem udarcu odskočil.

**Spitz non era stato toccato, mentre Buck sanguinava dalle numerose ferite.**

Spitza se niso dotaknili, medtem ko je Buck krvavel iz številnih ran.

**Il respiro di Buck era affannoso e pesante, il suo corpo era viscido di sangue.**

Buck je hitro in težko dihal, telo pa je imel spolzko od krvi.

**La lotta diventava più brutale a ogni morso e carica.**

Boj je z vsakim ugrizom in napadom postajal bolj brutalen.

**Attorno a loro, sessanta cani silenziosi aspettavano che il primo cadesse.**

Okoli njih je šestdeset tihih psov čakalo, da prvi pade.

**Se un cane fosse caduto, il branco avrebbe posto fine alla lotta.**

Če bi en pes padel, bi krdelo končalo boj.

**Spitz vide Buck indebolirsi e cominciò ad attaccare.**

Spitz je videl, da Buck slabi, in začel napadati.

**Mantenne Buck sbilanciato, costringendolo a lottare per restare in piedi.**

Bucka je spravil iz ravnotežja in ga prisilil, da se je moral boriti za oporo.

**Una volta Buck inciampò e cadde, e tutti i cani si rialzarono.**

Nekoč se je Buck spotaknil in padel, vsi psi pa so vstali.

**Ma Buck si raddrizzò a metà caduta e tutti ricaddero.**

Toda Buck se je sredi padca poravnal in vsi so se spet pogreznili.

**Buck aveva qualcosa di raro: un'immaginazione nata da un profondo istinto.**

Buck je imel nekaj redkega – domišljijo, rojeno iz globokega nagona.

**Combatté per istinto naturale, ma combatté anche con astuzia.**

Boril se je z naravnim nagonom, a se je boril tudi z zvitostjo.

**Tornò ad attaccare come se volesse ripetere il trucco dell'attacco alla spalla.**

Ponovno je napadel, kot da bi ponavljal svoj trik z napadom z ramo.

**Ma all'ultimo secondo si abbassò e passò sotto Spitz.**

Toda v zadnjem trenutku se je spustil nizko in pometel pod Spitza.

**I suoi denti si bloccarono sulla zampa anteriore sinistra di Spitz con uno schiocco.**

Njegovi zobje so se s poskokom zaskočili za Spitzovo sprednjo levo nogo.

**Spitz ora era instabile e il suo peso gravava solo su tre zampe.**

Spitz je zdaj stal nestabilen, saj je težil le na treh nogah.

**Buck colpì di nuovo e tentò tre volte di atterrarlo.**

Buck je znova udaril in ga trikrat poskušal podreti.

**Al quarto tentativo ha usato la stessa mossa con successo**

V četrtem poskusu je uspešno uporabil isto potezo.

**Questa volta Buck riuscì a mordere la zampa destra di Spitz.**

Tokrat je Bucku uspelo ugrizniti Spitzovo desno nogo.

**Spitz, benché storpio e in agonia, continuò a lottare per sopravvivere.**

Spitz, čeprav pohabljen in v agoniji, se je še naprej boril za preživetje.

**Vide il cerchio degli husky stringersi, con le lingue fuori e gli occhi luminosi.**

Videl je, kako se krog haskijev zoži, z iztegnjenimi jeziki in žarečimi očmi.

**Aspettarono di divorarlo, proprio come avevano fatto con gli altri.**

Čakali so, da ga požrejo, tako kot so storili drugim.

**Questa volta era lui al centro, sconfitto e condannato.**

Tokrat je stal v središču; poražen in obsojen na propad.

**Ormai il cane bianco non aveva più alcuna possibilità di fuga.**

Beli pes ni imel več možnosti za pobeg.

**Buck non mostrò alcuna pietà, perché la pietà non era a posto nella natura selvaggia.**

Buck ni pokazal usmiljenja, saj usmiljenje v divjini ni bilo primerno.

**Buck si mosse con cautela, preparandosi per la carica finale.**

Buck se je previdno premikal in se pripravljal na zadnji napad.

**Il cerchio degli husky si stringeva; lui sentiva i loro respiri caldi.**

Krog haskijev se je zožil; čutil je njihov topel dih.

**Si accovacciarono, pronti a scattare quando fosse giunto il momento.**

Sklonili so se, pripravljeni skočiti, ko bo prišel pravi trenutek.

**Spitz tremava nella neve, ringhiando e cambiando posizione.**

Spitz se je tresel v snegu, renčal in spreminjal držo.

**I suoi occhi brillavano, le labbra si arricciavano, i denti brillavano in un'espressione disperata e minacciosa.**

Oči so mu žarele, ustnice so se mu zvile, zobje pa so se mu zabliskali v obupani grožnji.

**Barcollò, cercando ancora di resistere al freddo morso della morte.**

Omahnil se je, še vedno poskušajoč zadržati hladen ugriz smrti.

**Aveva già visto situazioni simili, ma sempre dalla parte dei vincitori.**

To je že videl, ampak vedno z zmagovalne strani.

**Ora era dalla parte perdente; lo sconfitto; la preda; la morte.**

Zdaj je bil na strani poražencev; poražencev; plena; smrti.

**Buck si preparò al colpo finale, mentre il cerchio dei cani si faceva sempre più stretto.**

Buck se je obrnil za zadnji udarec, krog psov se je stisnil bližje.

**Poteva sentire i loro respiri caldi; erano pronti a uccidere.**

Čutil je njihov vroč dih; pripravljeni na uboj.

**Calò il silenzio; tutto era al suo posto; il tempo si era fermato.**

Zavladala je tišina; vse je bilo na svojem mestu; čas se je ustavil.

**Persino l'aria fredda tra loro si congelò per un ultimo istante.**

Celo hladen zrak med njima je za zadnji trenutek zmrznil.

**Soltanto Spitz si mosse, cercando di trattenere la sua fine amara.**

Samo Spitz se je premaknil in poskušal zadržati svoj grenki konec.

**Il cerchio dei cani si stava stringendo attorno a lui, come era suo destino.**

Krog psov se je ovijal okoli njega, tako kot njegova usoda.

**Ora era disperato, sapendo cosa stava per accadere.**

Zdaj je bil obupan, saj je vedel, kaj se bo zgodilo.

**Buck balzò dentro e la sua spalla incontrò la sua spalla per l'ultima volta.**

Buck je skočil noter, rama se je srečala še zadnjič.

**I cani si lanciarono in avanti, nascondendo Spitz nell'oscurità della neve.**

Psi so planili naprej in v snežni temi prekrili Spitza.

**Buck osservava, eretto e fiero; il vincitore in un mondo selvaggio.**

Buck je opazoval, stoječ vzravnano; zmagovalec v divjem svetu.

**La bestia primordiale dominante aveva fatto la sua uccisione, e la aveva fatta bene.**

Dominantna prvobitna zver je ubila svojega, in to je bilo dobro.

## Colui che ha conquistato la maestria
### On, ki je zmagal do mojstrstva

**"Eh? Cosa ho detto? Dico la verità quando dico che Buck è un diavolo."**

„Kaj? Kaj sem rekel? Resnico imam, ko pravim, da je Buck hudič.“

**François raccontò questo la mattina dopo aver scoperto la scomparsa di Spitz.**

François je to povedal naslednje jutro, potem ko je ugotovil, da Spitz pogreša.

**Buck rimase lì, coperto di ferite causate dal violento combattimento.**

Buck je stal tam, prekrit z ranami od hudega boja.

**François tirò Buck vicino al fuoco e indicò le ferite.**

François je potegnil Bucka k ognju in pokazal na poškodbe.

**«Quello Spitz ha combattuto come il Devik», disse Perrault, osservando i profondi tagli.**

»Ta Spitz se je boril kot Devik,« je rekel Perrault, medtem ko je opazoval globoke rane.

**«E quel Buck si batteva come due diavoli», rispose subito François.**

„In ta Buck se je boril kot dva hudiča,“ je takoj odgovoril François.

**"Ora faremo buon passo; niente più Spitz, niente più guai."**

"Zdaj bomo kar hitro napredovali; nič več Špica, nič več težav."

**Perrault stava preparando l'attrezzatura e caricò la slitta con cura.**

Perrault je pakiral opremo in skrbno naložil sani.

**François bardò i cani per prepararli alla corsa della giornata.**

François je pse vpregel v pripravah na dnevni tek.

**Buck trotterellò dritto verso la posizione di testa, precedentemente occupata da Spitz.**

Buck je stekel naravnost do vodilnega položaja, ki ga je nekoč zasedal Spitz.

**Ma François, senza accorgersene, condusse Solleks in prima linea.**

Toda François, ne da bi opazil, je Solleksa vodil naprej.

**Secondo François, Solleks era ora il miglior cane da corsa.**

Po Françoisovi presoji je bil Solleks zdaj najboljši pes za vodenje.

**Buck si scagliò furioso contro Solleks e lo respinse indietro in segno di protesta.**

Buck je besno skočil na Solleksa in ga v znak protesta potisnil nazaj.

**Si fermò dove un tempo si era fermato Spitz, rivendicando la posizione di comando.**

Stal je tam, kjer je nekoč stal Spitz, in si prisvojil vodilni položaj.

**"Eh? Eh?" esclamò François, dandosi una pacca sulle cosce divertito.**

„Kaj? Ka?" je vzkliknil François in se zabavano tlesknil po stegnih.

**"Guarda Buck: ha ucciso Spitz, ora vuole prendersi il posto!"**

„Poglej Bucka – ubil je Spitza, zdaj pa hoče prevzeti še službo!"

**"Vattene via, Chook!" urlò, cercando di scacciare Buck.**

„Pojdi stran, Chook!" je zavpil in poskušal odgnati Bucka.

**Ma Buck si rifiutò di muoversi e rimase immobile nella neve.**

Toda Buck se ni hotel premakniti in je trdno stal v snegu.

**François afferrò Buck per la collottola e lo trascinò da parte.**

François je zgrabil Bucka za rit in ga odvlekel na stran.

**Buck ringhiò basso e minaccioso, ma non attaccò.**

Buck je tiho in grozeče zarenčal, vendar ni napadel.

**François rimette Solleks in testa, cercando di risolvere la disputa**

François je Solleks spet prevzel vodstvo in poskušal rešiti spor.

**Il vecchio cane mostrò paura di Buck e non voleva restare.**

Stari pes se je bal Bucka in ni hotel ostati.

**Quando François gli voltò le spalle, Buck scacciò di nuovo Solleks.**

Ko se je François obrnil, je Buck spet pregnal Solleksa ven.

**Solleks non oppose resistenza e si fece di nuovo da parte in silenzio.**

Solleks se ni upiral in se je spet tiho umaknil.

**François si arrabbiò e urlò: "Per Dio, ti sistemo!"**

François se je razjezil in zavpil: »Pri Bogu, popravil te bom!«

**Si avvicinò a Buck tenendo in mano una pesante mazza.**

Prišel je proti Bucku in v roki držal težko palico.

**Buck ricordava bene l'uomo con il maglione rosso.**

Buck se je dobro spominjal moškega v rdečem puloverju.

**Si ritirò lentamente, osservando François ma ringhiando profondamente.**

Počasi se je umikal, opazoval Françoisa, a je pri tem globoko renčal.

**Non si affrettò a tornare indietro, nemmeno quando Solleks si mise al suo posto.**

Ni se umaknil, niti ko je Solleks stal na njegovem mestu.

**Buck si girò in cerchio, appena fuori dalla sua portata, ringhiando furioso e protestando.**

Buck je krožil tik pred dosegom, besno in protestno renčajoč.

**Teneva gli occhi fissi sulla mazza, pronto a schivare il colpo se François l'avesse lanciata.**

Oči je imel uprte v palico, pripravljen se je izogniti, če bi jo François vrgel.

**Era diventato saggio e cauto nei confronti degli uomini che maneggiavano le armi.**

Postal je moder in previden glede načinov ravnanja z orožjem.

**François si arrese e chiamò di nuovo Buck al suo vecchio posto.**

François je obupal in spet poklical Bucka na svoje prejšnje mesto.

**Ma Buck fece un passo indietro con cautela, rifiutandosi di obbedire all'ordine.**

Toda Buck je previdno stopil nazaj in ni hotel ubogati ukaza.

**François lo seguì, ma Buck indietreggiò solo di pochi passi.**

François mu je sledil, Buck pa se je umaknil le še nekaj korakov.

**Dopo un po' François gettò a terra l'arma, frustrato.**

Čez nekaj časa je François v frustraciji vrgel orožje na tla.

**Pensava che Buck avesse paura di essere picchiato e che avrebbe fatto lo stesso senza far rumore.**

Mislil je, da se Buck boji pretepa in da bo prišel tiho.

**Ma Buck non stava evitando la punizione: stava lottando per ottenere un rango.**

Toda Buck se ni izogibal kazni – boril se je za čin.

**Si era guadagnato il posto di capobranco combattendo fino alla morte**

Mesto vodilnega psa si je prislužil z bojem na smrt.

**non si sarebbe accontentato di niente di meno che di essere il leader.**

Ni se hotel zadovoljiti z nič manj kot s tem, da bi bil vodja.


**Perrault si unì all'inseguimento per aiutare a catturare il ribelle Buck.**

Perrault se je vmešal v zasledovanje, da bi pomagal ujeti uporniškega Bucka.

**Insieme lo portarono in giro per l'accampamento per quasi un'ora.**

Skupaj sta ga skoraj eno uro vodila po taborišču.

**Gli scagliarono contro dei bastoni, ma Buck li schivò abilmente uno per uno.**

Metali so ga s palicami, toda Buck se je vsaki spretno izognil.

**Maledissero lui, i suoi antenati, i suoi discendenti e ogni suo capello.**

Prekleli so njega, njegove prednike, njegove potomce in vsak las na njem.

**Ma Buck si limitò a ringhiare e a restare appena fuori dalla loro portata.**

Toda Buck je le zarenčal nazaj in se ostal tik izven njihovega dosega.

**Non cercò mai di scappare, ma continuò a girare intorno all'accampamento deliberatamente.**

Nikoli ni poskušal pobegniti, ampak je namerno krožil okoli tabora.

**Disse chiaramente che avrebbe obbedito una volta ottenuto ciò che voleva.**

Jasno je dal vedeti, da bo ubogal, ko mu bodo dali, kar hoče.

**Alla fine François si sedette e si grattò la testa, frustrato.**

François se je končno usedel in se od frustracije popraskal po glavi.

**Perrault controllò l'orologio, imprecò e borbottò qualcosa sul tempo perso.**

Perrault je pogledal na uro, preklinjal in mrmral o izgubljenem času.

**Era già trascorsa un'ora, mentre avrebbero dovuto essere sulle tracce.**

Ura je že minila, ko bi morali biti na poti.

**François alzò le spalle timidamente, guardando il corriere, che sospirò sconfitto.**

François je sramežljivo skomignil z rameni proti kurirju, ki je poraženo zavzdihnil.

**Poi François si avvicinò a Solleks e chiamò ancora una volta Buck.**

Nato je François stopil do Solleksa in še enkrat poklical Bucka.

**Buck rise come ride un cane, ma mantenne una cauta distanza.**

Buck se je smejal kot pes, a je držal previdno razdaljo.

**François tolse l'imbracatura a Solleks e lo rimise al suo posto.**

François je Solleksu snel oprsnico in ga vrnil na njegovo mesto.

**La squadra di slittini era completamente imbracata, con un solo posto libero.**

Sankaška vprega je stala popolnoma izprežena, le eno mesto je bilo prazno.

**La posizione di comando rimase vuota, chiaramente riservata solo a Buck.**

Vodilni položaj je ostal prazen, očitno namenjen samo Bucku.

**François chiamò di nuovo e di nuovo Buck rise e mantenne la sua posizione.**

François je spet poklical in Buck se je spet zasmejal in vztrajal pri svojem.

**«Gettate giù la mazza», ordinò Perrault senza esitazione.**

»Vrzi palico,« je brez oklevanja ukazal Perrault.

**François obbedì e Buck si lanciò subito avanti con orgoglio.**

François je ubogal in Buck je takoj ponosno stekel naprej.

**Rise trionfante e assunse la posizione di comando.**

Zmagoslavno se je zasmejal in stopil na vodilni položaj.

**François fissò le corde e la slitta si staccò.**

François je zavaroval svoje sledi in sani so se odtrgale.

**Entrambi gli uomini corsero fianco a fianco mentre la squadra si lanciava lungo il sentiero del fiume.**

Oba moška sta tekla skupaj, ko je ekipa dirjala po rečni poti.

**François aveva avuto una grande stima dei "due diavoli" di Buck,**

François je imel Buckova »dve hudiči« zelo dobro mnenje.

**ma ben presto si rese conto di aver in realtà sottovalutato il cane.**

a kmalu je spoznal, da je psa pravzaprav podcenil.

**Buck assunse rapidamente la leadership e si comportò in modo eccellente.**

Buck je hitro prevzel vodstvo in se odlično odrezal.

**Buck superò Spitz per capacità di giudizio, rapidità di pensiero e rapidità di azione.**

V presoji, hitrem razmišljanju in hitrem delovanju je Buck prekosil Spitza.

**François non aveva mai visto un cane pari a quello che Buck mostrava ora.**

François še nikoli ni videl psa, ki bi bil enak temu, kar je Buck zdaj razkazoval.

**Ma Buck eccelleva davvero nel far rispettare l'ordine e nel imporre rispetto.**

Toda Buck je resnično blestel v uveljavljanju reda in vzbujanju spoštovanja.

**Dave e Solleks accettarono il cambiamento senza preoccupazioni o proteste.**

Dave in Solleks sta spremembo sprejela brez skrbi ali protesta.

**Si concentravano solo sul lavoro e tiravano forte le redini.**

Osredotočili so se le na delo in močno vlečenje vajeti.

**A loro importava poco chi guidasse, purché la slitta continuasse a muoversi.**

Ni jih bilo mar, kdo vodi, dokler so se sani premikale.

**Billee, quella allegra, avrebbe potuto comandare per quel che volevano.**

Billee, tista vesela, bi lahko vodila, če bi jim bilo mar.

**Ciò che contava per loro era la pace e l'ordine tra i ranghi.**

Pomembna jim je bila mir in red v vrstah.


**Il resto della squadra era diventato indisciplinato durante il declino di Spitz.**

Preostali del ekipe je med Spitzovim upadanjem postal neubogljiv.

**Rimasero scioccati quando Buck li riportò immediatamente all'ordine.**

Bili so šokirani, ko jih je Buck takoj spravil v red.

**Pike era sempre stato pigro e aveva sempre tergiversato dietro a Buck.**

Pike je bil vedno len in se je vlekel za Buckom.

**Ma ora è stato severamente disciplinato dalla nuova leadership.**

A zdaj ga je novo vodstvo ostro discipliniralo.

**E imparò rapidamente a dare il suo contributo alla squadra.**

In hitro se je naučil prevzeti svojo vlogo v ekipi.

**Alla fine della giornata, Pike lavorò più duramente che mai.**

Do konca dneva je Pike delal bolj kot kdaj koli prej.

**Quella notte all'accampamento, Joe, il cane scontroso, fu finalmente domato.**

Tisto noč v taboru je bil Joe, kisli pes, končno ukročen.

**Spitz non era riuscito a disciplinarlo, ma Buck non aveva fallito.**

Spitz ga ni uspel disciplinirati, Buck pa ni odpovedal.

**Sfruttando il suo peso maggiore, Buck sopraffece Joe in pochi secondi.**

Buck je s svojo večjo težo v nekaj sekundah premagal Joeja.

**Morse e picchiò Joe finché questi non si mise a piagnucolare e smise di opporre resistenza.**

Grizel in pretepal je Joeja, dokler ni zastokal in se nehal upirati.

**Da quel momento in poi l'intera squadra migliorò.**

Celotna ekipa se je od tistega trenutka naprej izboljšala.

**I cani ritrovarono la loro antica unità e disciplina.**

Psi so si povrnili staro enotnost in disciplino.

**A Rink Rapids si sono uniti al gruppo due nuovi husky autoctoni, Teek e Koona.**

V Rink Rapidsu sta se pridružila dva nova avtohtona haskija, Teek in Koona.

**La rapidità con cui Buck li addestramento stupì perfino François.**

Buckova hitra dresura je osupnila celo Françoisa.

**"Non è mai esistito un cane come quel Buck!" esclamò stupito.**

„Nikoli ni bilo takega psa kot je ta Buck!" je zavpil od začudenja.

**"No, mai! Vale mille dollari, per Dio!"**

"Ne, nikoli! Vreden je tisoč dolarjev, bogve!"

**"Eh? Che ne dici, Perrault?" chiese con orgoglio.**

„Kaj? Kaj praviš, Perrault?" je vprašal s ponosom.

**Perrault annuì in segno di assenso e controllò i suoi appunti.**

Perrault je prikimal v znak strinjanja in preveril svoje zapiske.

**Siamo già in anticipo sui tempi e guadagniamo sempre di più ogni giorno.**

Že prehitevamo urnik in vsak dan pridobivamo več.

**Il sentiero era compatto e liscio, senza neve fresca.**

Pot je bila utrjena in gladka, brez svežega snega.

**Il freddo era costante, con temperature che si aggiravano sempre sui cinquanta gradi sotto zero.**

Mraz je bil vztrajen, ves čas se je gibal okoli petdeset stopinj pod ničlo.

**Per scaldarsi e guadagnare tempo, gli uomini si alternavano a cavallo e a correre.**

Moški so jahali in tekli izmenično, da bi se ogreli in imeli čas.

**I cani correvano veloci, fermandosi di rado, spingendosi sempre in avanti.**

Psi so tekli hitro z le nekaj postanki in vedno naprej.

**Il fiume Thirty Mile era per la maggior parte ghiacciato e facile da attraversare.**

Reka Trideset milj je bila večinoma zamrznjena in jo je bilo enostavno prečkati.

**In un giorno realizzarono ciò che per arrivare aveva impiegato dieci giorni.**

Odšli so v enem dnevu, kar je trajalo deset dni, da so prišli.

**Percorsero circa 96 chilometri dal lago Le Barge a White Horse.**

Pretekla sta šestdeset milj od jezera Le Barge do Belega konja.

**Si muovevano a velocità incredibile attraverso i laghi Marsh, Tagish e Bennett.**

Čez jezera Marsh, Tagish in Bennett so se premikali neverjetno hitro.

**L'uomo che correva veniva trainato dietro la slitta con una corda.**

Tekalec je vlekel sani na vrvi.

**L'ultima notte della seconda settimana giunsero a destinazione.**

Zadnjo noč drugega tedna so prispeli na cilj.

**Insieme avevano raggiunto la cima del White Pass.**

Skupaj sta dosegla vrh Belega prelaza.

**Scesero fino al livello del mare, con le luci dello Skaguay sotto di loro.**

Spustili so se na morsko gladino, pod njimi pa so bile luči Skaguaya.

**Era stata una corsa da record attraverso chilometri di fredda natura selvaggia.**

Bil je rekorden tek čez kilometre mrzle divjine.

**Per quattordici giorni di fila percorsero in media circa quaranta miglia.**

Štirinajst dni zapored so v povprečju prevozili dobrih štirideset milj.

**A Skaguay, Perrault e François trasportavano merci attraverso la città.**

V Skaguayu sta Perrault in François prevažala tovor skozi mesto.

**Furono applauditi e ricevettero numerose bevande dalla folla ammirata.**

Občudujoča množica jih je pozdravljala in jim ponujala veliko pijače.

**I cacciatori di cani e gli operai si sono riuniti attorno alla famosa squadra cinofila.**

Lovci na pse in delavci so se zbrali okoli slavne pasje vprege.

**Poi i fuorilegge del West giunsero in città e subirono una violenta sconfitta.**

Nato so v mesto prišli zahodni izobčenci in doživeli nasilni poraz.

**La gente si dimenticò presto della squadra e si concentrò sul nuovo dramma.**

Ljudje so kmalu pozabili na ekipo in se osredotočili na novo dramo.

**Poi arrivarono i nuovi ordini che cambiarono tutto in un colpo.**

Nato so prišli novi ukazi, ki so vse naenkrat spremenili.

**François chiamò Buck e lo abbracciò con orgoglio e lacrime.**

François je poklical Bucka k sebi in ga s solzami v ponosu objel.

**Quel momento fu l'ultima volta che Buck vide di nuovo François.**

Ta trenutek je bil zadnjič, ko je Buck spet videl Françoisa.

**Come molti altri uomini prima di lui, sia François che Perrault se n'erano andati.**

Kot mnogi moški prej sta bila tudi François in Perrault odsotna.

**Un meticcio scozzese si prese cura di Buck e dei suoi compagni di squadra con i cani da slitta.**

Škotski mešanec je prevzel nadzor nad Buckom in njegovimi soigralci v ekipi za vlečne pse.

**Con una dozzina di altre mute di cani, ritornarono lungo il sentiero fino a Dawson.**

Z ducatom drugih pasjih vpreg so se vrnili po poti v Dawson.

**Non si trattava più di una corsa veloce, ma solo di un duro lavoro con un carico pesante ogni giorno.**

Ni bilo več hitrega teka – le težko delo s težkim bremenom vsak dan.

**Si trattava del treno postale che portava notizie ai cercatori d'oro vicino al Polo.**

To je bil poštni vlak, ki je prinašal novice lovcem na zlato blizu tečaja.

**Buck non amava il lavoro, ma lo sopportò bene, essendo orgoglioso del suo impegno.**

Bucku delo ni bilo všeč, a ga je dobro prenašal in bil ponosen na svoj trud.

**Come Dave e Solleks, Buck dimostrava dedizione in ogni compito quotidiano.**

Tako kot Dave in Solleks je tudi Buck pokazal predanost vsaki dnevni nalogi.

**Si è assicurato che tutti i suoi compagni di squadra dessero il massimo.**

Poskrbel je, da bo vsak od njegovih soigralcev odgovarjal svojim potrebam.

**La vita sui sentieri divenne noiosa e si ripeteva con la precisione di una macchina.**

Življenje na poti je postalo dolgočasno, ponavljalo se je z natančnostjo stroja.

**Ogni giorno era uguale, una mattina si fondeva con quella successiva.**

Vsak dan je bil enak, eno jutro se je zlivalo z naslednjim.

**Alla stessa ora, i cuochi si alzarono per accendere il fuoco e preparare il cibo.**

Ob isti uri so kuharji vstali, da bi zakurili ogenj in pripravili hrano.

**Dopo colazione alcuni lasciarono l'accampamento mentre altri attaccarono i cani.**

Po zajtrku so nekateri zapustili tabor, drugi pa so vpregli pse.

**Raggiunsero il sentiero prima che il pallido segnale dell'alba sfiorasse il cielo.**

Na pot so se podali, še preden se je nebo dotaknilo medlo opozorilo na zori.

**Di notte si fermavano per accamparsi, e a ogni uomo veniva assegnato un compito.**

Ponoči so se ustavili, da bi postavili tabor, vsak moški pa je imel določeno dolžnost.

**Alcuni montarono le tende, altri tagliarono la legna da ardere e raccolsero rami di pino.**

Nekateri so postavili šotore, drugi so sekali drva in nabirali borove veje.

**Acqua o ghiaccio venivano portati ai cuochi per la cena serale.**

Za večerjo so kuharjem prinesli vodo ali led.

**I cani vennero nutriti e per loro quello fu il momento migliore della giornata.**

Psi so bili nahranjeni in to je bil zanje najboljši del dneva.

**Dopo aver mangiato il pesce, i cani si rilassarono e oziarono vicino al fuoco.**

Potem ko so pojedli ribo, so se psi sprostili in poleževali ob ognju.

**Nel convoglio c'erano un centinaio di altri cani con cui socializzare.**

V konvoju je bilo še sto drugih psov, s katerimi se je bilo mogoče družiti.

**Molti di quei cani erano feroci e pronti a combattere senza preavviso.**

Mnogi od teh psov so bili divji in so se hitro borili brez opozorila.

**Ma dopo tre vittorie, Buck riuscì a domare anche i combattenti più feroci.**

Toda po treh zmagah je Buck obvladal celo najhujše borce.

**Ora, quando Buck ringhiò e mostrò i denti, loro si fecero da parte.**

Ko je Buck zarenčal in pokazal zobe, so se umaknili.

**Forse la cosa più bella di tutte era che a Buck piaceva sdraiarsi vicino al fuoco tremolante.**

Morda je bilo najboljše od vsega to, da je Buck rad ležal ob utripajočem tabornem ognju.

**Si accovacciò, con le zampe posteriori ripiegate e quelle anteriori distese in avanti.**

Sklonil se je s pokrčenimi zadnjimi nogami in iztegnjenimi sprednjimi nogami naprej.

**Teneva la testa sollevata e sbatteva dolcemente le palpebre verso le fiamme ardenti.**

Dvignil je glavo in tiho pomežiknil proti žarečim plamenom.

**A volte ricordava la grande casa del giudice Miller a Santa Clara.**

Včasih se je spominjal velike hiše sodnika Millerja v Santa Clari.

**Pensò alla piscina di cemento, a Ysabel e al carlino di nome Toots.**

Pomislil je na cementni bazen, na Ysabel in mopsa po imenu Toots.

**Ma più spesso si ricordava del bastone dell'uomo con il maglione rosso.**

A pogosteje se je spominjal moškega z rdečim puloverjem.

**Ricordava la morte di Curly e la sua feroce battaglia con Spitz.**

Spomnil se je Kodrastijeve smrti in njegovega hudega boja s Spitzom.

**Ricordava anche il buon cibo che aveva mangiato o che ancora sognava.**

Spomnil se je tudi dobre hrane, ki jo je jedel ali o kateri je še vedno sanjal.

**Buck non aveva nostalgia di casa: la valle calda era lontana e irreale.**

Buck ni čutil domotožja – topla dolina je bila oddaljena in neresnična.

**I ricordi della California non avevano più alcun fascino su di lui.**

Spomini na Kalifornijo ga niso več zares privlačili.

**Più forti della memoria erano gli istinti radicati nella sua stirpe.**

Močnejši od spomina so bili nagoni, globoko zakoreninjeni v njegovi krvni liniji.

**Le abitudini un tempo perdute erano tornate, ravvivate dal sentiero e dalla natura selvaggia.**

Navade, ki so jih nekoč izgubili, so se vrnile, oživljene s potjo in divjino.

**Mentre Buck osservava la luce del fuoco, a volte questa diventava qualcos'altro.**

Ko je Buck opazoval svetlobo ognja, je ta včasih postala nekaj drugega.

**Vide alla luce del fuoco un altro fuoco, più vecchio e più profondo di quello attuale.**

V soju ognja je zagledal drug ogenj, starejši in globlji od sedanjega.

**Accanto all'altro fuoco era accovacciato un uomo che non somigliava per niente al cuoco meticcio.**

Ob tistem drugem ognju je čepel moški, ki ni bil podoben mešancu kuharju.

**Questa figura aveva gambe corte, braccia lunghe e muscoli duri e contratti.**

Ta figura je imela kratke noge, dolge roke in trde, vozlane mišice.

**I suoi capelli erano lunghi e arruffati, e gli scendevano all'indietro a partire dagli occhi.**

Njegovi lasje so bili dolgi in spleteni, padali so nazaj od oči.

**Emetteva strani suoni e fissava l'oscurità con paura.**

Spuščal je čudne zvoke in prestrašeno strmel v temo.

**Teneva bassa una mazza di pietra, stretta saldamente nella sua mano lunga e ruvida.**

Kamnito palico je držal nizko, močno stisnjeno v dolgi, hrapavi roki.

**L'uomo indossava ben poco: solo una pelle carbonizzata che gli pendeva lungo la schiena.**

Moški je bil oblečen le v zoglenelo kožo, ki mu je visela po hrbtu.

**Il suo corpo era ricoperto da una folta peluria sulle braccia, sul petto e sulle cosce.**

Njegovo telo je bilo prekrito z gostimi dlakami po rokah, prsih in stegnih.

**Alcune parti del pelo erano aggrovigliate e formavano chiazze di pelo ruvido.**

Nekateri deli dlake so bili zapleteni v pramene grobe dlake.

**Non stava dritto, ma era piegato in avanti dai fianchi alle ginocchia.**

Ni stal vzravnano, ampak se je sklonil naprej od bokov do kolen.

**I suoi passi erano elastici e felini, come se fosse sempre pronto a scattare.**

Njegovi koraki so bili prožni in mačji, kot da bi bil vedno pripravljen skočiti.

**C'era una forte allerta, come se vivesse nella paura costante.**

Bila je ostra budnost, kot da bi živel v nenehnem strahu.

**Quest'uomo anziano sembrava aspettarsi il pericolo, indipendentemente dal fatto che questo venisse visto o meno.**

Zdelo se je, da ta starodavni mož pričakuje nevarnost, ne glede na to, ali je bila nevarnost vidna ali ne.

**A volte l'uomo peloso dormiva accanto al fuoco, con la testa tra le gambe.**

Včasih je kosmati mož spal ob ognju, z glavo stisnjeno med noge.

**Teneva i gomiti sulle ginocchia e le mani giunte sopra la testa.**

Komolce je imel naslonjene na kolena, roke sklenjene nad glavo.

**Come un cane, usava le sue braccia pelose per proteggersi dalla pioggia che cadeva.**

Kot pes je s svojimi dlakavimi rokami brisal padajoči dež.

**Oltre la luce del fuoco, Buck vide due carboni ardenti che ardevano nell'oscurità.**

Onkraj ognja je Buck v temi zagledal dvojni žerjav.

**Sempre a due a due, erano gli occhi delle bestie da preda.**

Vedno dva krat dva, sta bila oči zalezovalnih zveri.

**Sentì corpi che si infrangevano tra i cespugli e rumori provenienti dalla notte.**

Slišal je trupla, ki so se tresla skozi grmovje, in zvoke, ki so se pojavljali v noči.

**Sdraiato sulla riva dello Yukon, sbattendo le palpebre, Buck sognò accanto al fuoco.**

Buck je ležal na bregu Yukona in pomežiknil, sanjajoč ob ognju.

**Le immagini e i suoni di quel mondo selvaggio gli fecero rizzare i capelli.**

Ob prizorih in zvokih tega divjega sveta so mu lasje vstali.

**La pelliccia gli si drizzò lungo la schiena, sulle spalle e sul collo.**

Dlaka se mu je dvigala po hrbtu, ramenih in vratu.

**Gemeva piano o emetteva un ringhio basso dal profondo del petto.**

Tiho je stokal ali pa globoko v prsih tiho zarjovel.

**Allora il cuoco meticcio urlò: "Ehi, Buck, svegliati!"**

Tedaj je mešanec kuhar zavpil: "Hej, Buck, zbudi se!"

**Il mondo dei sogni svanì e la vera vita tornò agli occhi di Buck.**

Sanjski svet je izginil in v Buckove oči se je vrnilo resnično življenje.

**Si sarebbe alzato, si sarebbe stiracchiato e avrebbe sbadigliato, come se si fosse svegliato da un pisolino.**

Vstal bo, se pretegnil in zazehal, kot bi se prebudil iz dremeža.

**Il viaggio era duro, con la slitta postale che li trascinava dietro.**

Pot je bila težka, saj se je za njimi vlekla poštna sani.

**Carichi pesanti e lavoro duro sfinivano i cani ogni lunga giornata.**

Težka bremena in naporno delo so pse vsak dolg dan izčrpavali.

**Arrivarono a Dawson magro, stanco e con bisogno di più di una settimana di riposo.**

V Dawson so prispeli shujšani, utrujeni in potrebovali so več kot teden dni počitka.

**Ma solo due giorni dopo ripartirono per lo Yukon.**

Toda le dva dni kasneje so se spet odpravili po Yukonu.

**Erano carichi di altre lettere dirette al mondo esterno.**

Naložena so bila s še več pismi, namenjenimi v zunanji svet.

**I cani erano esausti e gli uomini si lamentavano in continuazione.**

Psi so bili izčrpani, moški pa so se nenehno pritoževali.

**Ogni giorno cadeva la neve, ammorbidendo il sentiero e rallentando le slitte.**

Sneg je padal vsak dan, mehčal pot in upočasnjeval sani.

**Ciò rendeva la trazione più dura e aumentava la resistenza delle guide.**

To je povzročilo težje vlečenje in večji upor na tekačih.

**Nonostante ciò, i piloti si sono dimostrati leali e hanno avuto cura delle loro squadre.**

Kljub temu so bili vozniki pošteni in so skrbeli za svoje ekipe.

**Ogni notte, i cani venivano nutriti prima che gli uomini mangiassero.**

Vsako noč so pse nahranili, preden so moški lahko jedli.

**Nessun uomo dormiva prima di controllare le zampe del proprio cane.**

Nihče ni spal, preden ni preveril nog svojega psa.

**Tuttavia, i cani diventavano sempre più deboli man mano che i chilometri consumavano i loro corpi.**

Kljub temu so psi postajali šibkejši, ko so kilometri nabirali njihova telesa.

**Avevano viaggiato per milleottocento miglia durante l'inverno.**

Čez zimo so prepotovali osemsto kilometrov.

**Percorrevano ogni miglio di quella distanza brutale trainando le slitte.**

Sani so vlekli čez vsako miljo te brutalne razdalje.

**Anche i cani da slitta più resistenti provano tensione dopo tanti chilometri.**

Tudi najtrši vlečni psi po toliko prevoženih kilometrih občutijo napor.

**Buck tenne duro, fece sì che la sua squadra lavorasse e mantenne la disciplina.**

Buck je vztrajal, ohranjal delovanje svoje ekipe in disciplino.

**Ma Buck era stanco, proprio come gli altri durante il lungo viaggio.**

Toda Buck je bil utrujen, tako kot drugi na dolgi poti.

**Billee piagnucolava e piangeva nel sonno ogni notte, senza sosta.**

Billee je vsako noč brez izjeme cvilil in jokal v spanju.

**Joe diventò ancora più amareggiato e Solleks rimase freddo e distante.**

Joe je postal še bolj zagrenjen, Solleks pa je ostal hladen in distanciran.

**Ma è stato Dave a soffrire di più di tutta la squadra.**

Ampak od celotne ekipe je bil Dave tisti, ki je najhuje trpel.

**Qualcosa dentro di lui era andato storto, anche se nessuno sapeva cosa.**

Nekaj je šlo narobe v njem, čeprav nihče ni vedel, kaj.

**Divenne più lunatico e aggredì gli altri con rabbia crescente.**

Postajal je bolj muhast in se je z vse večjo jezo ostro spopadal z drugimi.

**Ogni notte andava dritto al suo nido, in attesa di essere nutrito.**

Vsako noč je šel naravnost v svoje gnezdo in čakal, da ga nahranijo.

**Una volta a terra, Dave non si alzò più fino al mattino.**

Ko je bil enkrat na tleh, se Dave ni zbudil do jutra.

**Sulle redini, gli improvvisi strattoni o sussulti lo facevano gridare di dolore.**

Na vajetih so ga nenadni sunki ali trzanje spravili v krik od bolečine.

**L'autista ha cercato di capirne la causa, ma non ha trovato ferite.**

Njegov voznik je iskal vzrok, vendar pri njem ni našel nobenih poškodb.

**Tutti gli autisti cominciarono a osservare Dave e a discutere del suo caso.**

Vsi vozniki so začeli opazovati Davea in razpravljati o njegovem primeru.

**Parlarono durante i pasti e durante l'ultima sigaretta della giornata.**

Pogovarjala sta se pri obrokih in med zadnjim kajenjem dneva.

**Una notte tennero una riunione e portarono Dave al fuoco.**

Neke noči so imeli sestanek in Davea pripeljali k ognju.

**Gli premevano e palpavano il corpo e lui gridava spesso.**

Pritiskali in prebadali so njegovo telo, zato je pogosto kričal.

**Era evidente che qualcosa non andava, anche se non sembrava esserci nessuna frattura.**

Očitno je bilo nekaj narobe, čeprav se je zdelo, da ni zlomljenih nobenih kosti.

**Quando arrivarono al Cassiar Bar, Dave stava cadendo.**

Ko so prispeli do Cassiar Bara, je Dave že padal dol.

**Il meticcio scozzese impose uno stop e rimosse Dave dalla squadra.**

Škotski mešanec je ustavil igro in Davea odstranil iz ekipe.

**Fissò Solleks al posto di Dave, il più vicino possibile alla parte anteriore della slitta.**

Solleks je pritrdil na Daveovo mesto, najbližje sprednjemu delu sani.

**Voleva lasciare che Dave riposasse e corresse libero dietro la slitta in movimento.**

Nameraval je pustiti Davea, da se spočije in prosto teče za premikajočimi se sanmi.

**Ma nonostante la malattia, Dave odiava che gli venisse tolto il lavoro che aveva ricoperto.**

A kljub bolezni je Dave sovražil, da so ga vzeli iz službe, ki jo je prej opravljal.

**Ringhiò e piagnucolò quando gli strapparono le redini dal corpo.**

Zarenčal je in stokal, ko so mu vajeti sneli z telesa.

**Quando vide Solleks al suo posto, pianse disperato.**

Ko je zagledal Solleksa na svojem mestu, je jokal od strte bolečine.

**L'orgoglio per il lavoro sui sentieri era profondo in Dave, anche quando la morte si avvicinava.**

Ponos na delo na poti je bil globoko v Daveu, tudi ko se je bližala smrt.

**Mentre la slitta si muoveva, Dave arrancava nella neve soffice vicino al sentiero.**

Medtem ko so se sani premikale, se je Dave spotikal po mehkem snegu blizu poti.

**Attaccò Solleks, mordendolo e spingendolo giù dal lato della slitta.**

Napadel je Solleksa, ga ugriznil in porinil s strani sani.

**Dave cercò di saltare nell'imbracatura e di riprendersi il suo posto di lavoro.**

Dave je poskušal skočiti v varnostni pas in si povrniti delovno mesto.

**Lui guaiva, si lamentava e piangeva, diviso tra il dolore e l'orgoglio del parto.**

Cvilil je, stokal in jokal, razpet med bolečino in ponosom pri delu.

**Il meticcio usò la frusta per cercare di allontanare Dave dalla squadra.**

Mešanec je s svojim bičem poskušal Davea odgnati od ekipe.

**Ma Dave ignorò la frustata e l'uomo non riuscì a colpirlo più forte.**

Toda Dave je ignoriral udarec z bičem in moški ga ni mogel udariti močneje.

**Dave rifiutò il sentiero più facile dietro la slitta, dove la neve era compatta.**

Dave je zavrnil lažjo pot za sanmi, kjer je bil sneg zbit.

**Invece, si ritrovò a lottare nella neve profonda, ai lati del sentiero, in preda alla miseria.**

Namesto tega se je mučil v globokem snegu ob poti, v bedi.

**Alla fine Dave crollò, giacendo sulla neve e urlando di dolore.**

Sčasoma se je Dave zgrudil, ležal v snegu in tulil od bolečin.

**Lanciò un grido mentre la lunga fila di slitte gli passava accanto una dopo l'altra.**

Zavpil je, ko ga je dolga kolona sani ena za drugo peljala mimo.

**Tuttavia, con le poche forze che gli rimanevano, si alzò e barcollò dietro di loro.**

Vseeno pa je s preostalimi močmi vstal in se opotekajoče odpravil za njimi.

**Quando il treno si fermò di nuovo, lo raggiunse e trovò la sua vecchia slitta.**

Ko se je vlak spet ustavil, ga je dohitel in našel svoje stare sani.

**Superò con difficoltà le altre squadre e tornò a posizionarsi accanto a Solleks.**

Prebil se je mimo drugih ekip in spet stal poleg Solleksa.

**Mentre l'autista si fermava per accendere la pipa, Dave colse l'ultima occasione.**

Ko se je voznik ustavil, da bi prižgal pipo, je Dave izkoristil še zadnjo priložnost.

**Quando l'autista tornò e urlò, la squadra non avanzò.**

Ko se je voznik vrnil in zakričal, se ekipa ni premaknila naprej.

**I cani avevano girato la testa, confusi dall'improvviso arresto.**

Psi so obrnili glave, zmedeni zaradi nenadne zaustavitve.

**Anche il conducente era scioccato: la slitta non si era mossa di un centimetro in avanti.**

Tudi voznik je bil šokiran – sani se niso premaknile niti za centimeter naprej.

**Chiamò gli altri perché venissero a vedere cosa era successo.**

Poklical je ostale, naj pridejo pogledat, kaj se je zgodilo.

**Dave aveva masticato le redini di Solleks, spezzandole entrambe.**

Dave je pregrizel Solleksove vajeti in jih obe raztrgal.

**Ora era di nuovo in piedi davanti alla slitta, nella sua giusta posizione.**

Zdaj je stal pred sanmi, spet na svojem pravem mestu.

**Dave alzò lo sguardo verso l'autista, implorandolo silenziosamente di restare al passo.**

Dave je pogledal voznika in ga tiho prosil, naj ostane v zaostanku.

**L'autista era perplesso e non sapeva cosa fare per il cane in difficoltà.**

Voznik je bil zmeden in ni vedel, kaj naj stori za psa, ki se je mučil.

**Gli altri uomini parlavano di cani morti perché li avevano portati fuori.**

Drugi moški so govorili o psih, ki so poginili, ker so jih odpeljali ven.

**Raccontavano di cani vecchi o feriti il cui cuore si era spezzato quando erano stati abbandonati.**

Pripovedovali so o starih ali poškodovanih psih, ki so jim srce strlo, ko so jih pustili same.

**Concordarono che era un atto di misericordia lasciare che Dave morisse mentre era ancora imbrigliato.**

Strinjali so se, da je usmiljenje pustiti Davea umreti, medtem ko je bil še v varnostnem pasu.

**Fu rimesso in sicurezza sulla slitta e Dave tirò con orgoglio.**

Privezali so ga nazaj na sani in Dave je ponosno vlekel.

**Anche se a volte gridava, lavorava come se il dolore potesse essere ignorato.**

Čeprav je včasih zavpil, je delal, kot da bi bolečino lahko prezrl.

**Più di una volta cadde e fu trascinato prima di rialzarsi.**

Večkrat je padel in so ga vlekli, preden je spet vstal.

**A un certo punto la slitta gli rotolò addosso e da quel momento in poi zoppicò.**

Enkrat so se sani prevrnile čez njega in od tistega trenutka naprej je šepal.

**Nonostante ciò, lavorò finché non raggiunse l'accampamento e poi si sdraiò accanto al fuoco.**

Vseeno je delal, dokler ni dosegel tabora, nato pa se je ulegel k ognju.

**Al mattino Dave era troppo debole per muoversi o anche solo per stare in piedi.**

Do jutra je bil Dave prešibak, da bi lahko potoval ali celo stal pokonci.

**Al momento di allacciare l'imbracatura, cercò di raggiungere il suo autista con sforzi tremanti.**

Ko je bil čas za pripenjanje, je s tresočim naporom poskušal doseči svojega voznika.

**Si sforzò di rialzarsi, barcollò e crollò sul terreno innevato.**

Prisilil se je vstati, se opotekel in se zgrudil na zasnežena tla.

**Utilizzando le zampe anteriori, trascinò il suo corpo verso la zona dell'imbracatura.**

S sprednjimi nogami je vlekel svoje telo proti območju za vprego.

**Si fece avanti, centimetro dopo centimetro, verso i cani da lavoro.**

Korak za korakom se je prebijal naprej proti delovnim psom.

**Le forze gli cedettero, ma continuò a muoversi nel suo ultimo disperato tentativo.**

Moči so ga popuščale, a je v svojem zadnjem obupanem sunku vztrajal.

**I suoi compagni di squadra lo videro ansimare nella neve, ancora desideroso di unirsi a loro.**

Soigralci so ga videli, kako je v snegu sopihal in si še vedno želel, da bi se jim pridružil.

**Lo sentirono urlare di dolore mentre si lasciavano alle spalle l'accampamento.**

Slišali so ga, kako je žalostno zavijal, ko so zapuščali tabor.

**Mentre la squadra svaniva tra gli alberi, il grido di Dave risuonava dietro di loro.**

Ko je ekipa izginila med drevesi, se je za njimi razlegel Daveov krik.

**Il treno delle slitte si fermò brevemente dopo aver attraversato un tratto di fiume ricco di boschi.**

Vprega se je na kratko ustavila po prečkanju odseka rečnega gozda.

**Il meticcio scozzese tornò lentamente verso l'accampamento alle sue spalle.**

Škotski mešanec se je počasi vračal proti taboru za seboj.

Gli uomini smisero di parlare quando lo videro scendere dal treno delle slitte.

Moški so nehali govoriti, ko so ga videli, da zapušča vlak sani.

Poi un singolo colpo di pistola risuonò chiaro e netto attraverso il sentiero.

Nato je po poti jasno in ostro odjeknil en sam strel.

L'uomo tornò rapidamente e prese il suo posto senza dire una parola.

Moški se je hitro vrnil in brez besed zasedel svoje mesto.

Le fruste schioccavano, i campanelli tintinnavano e le slitte avanzavano sulla neve.

Biči so pokali, zvončki so zazveneli in sani so se kotalile naprej skozi sneg.

Ma Buck sapeva cosa era successo, come tutti gli altri cani.

Toda Buck je vedel, kaj se je zgodilo – in tako so vedeli tudi vsi drugi psi.

## La fatica delle redini e del sentiero
### Trdo delo vajeti in poti

**Trenta giorni dopo aver lasciato Dawson, la Salt Water Mail raggiunse Skaguay.**

Trideset dni po odhodu iz Dawsona je Salt Water Mail prispel v Skaguay.

**Buck e i suoi compagni di squadra presero il comando e arrivarono in condizioni pietose.**

Buck in njegovi soigralci so prevzeli vodstvo, a so prispeli v obupnem stanju.

**Buck era sceso da 140 a 150 chili.**

Buck je shujšal s sto štirideset na sto petnajst funtov.

**Gli altri cani, sebbene più piccoli, avevano perso ancora più peso corporeo.**

Drugi psi, čeprav manjši, so izgubili še več telesne teže.

**Pike, che una volta zoppicava fingendo, ora trascinava dietro di sé una gamba veramente ferita.**

Pike, nekoč lažni šepavec, je zdaj za seboj vlekel resnično poškodovano nogo.

**Solleks zoppicava gravemente e Dub aveva una scapola slogata.**

Solleks je močno šepal, Dub pa je imel izvinjeno lopatico.

**Tutti i cani del team avevano i piedi doloranti a causa delle settimane trascorse sul sentiero ghiacciato.**

Vsak pes v ekipi je imel od tednov na zamrznjeni poti boleče noge.

**Non avevano più slancio nei loro passi, solo un movimento lento e trascinato.**

V njihovih korakih ni bilo več pomladi, le počasno, vlečno gibanje.

**I loro piedi colpivano il sentiero con forza e ogni passo aggiungeva ulteriore sforzo al loro corpo.**

Njihove noge so močno udarjale po poti, vsak korak pa je njihova telesa še bolj obremenjeval.

**Non erano malati, erano solo stremati oltre ogni possibile guarigione naturale.**

Niso bili bolni, le izčrpani do te mere, da so si opomogli do naravnega stanja.

**Non si trattava della stanchezza di una giornata faticosa, curata con una notte di riposo.**

To ni bila utrujenost po enem napornem dnevu, ki bi jo pozdravil nočni počitek.

**Era una stanchezza accumulata lentamente attraverso mesi di sforzi estenuanti.**

Bila je izčrpanost, ki se je počasi kopičila skozi mesece napornega truda.

**Non era rimasta alcuna riserva di forze: avevano esaurito ogni energia a loro disposizione.**

Niso imeli nobene rezervne moči – porabili so že vse, kar so imeli.

**Ogni muscolo, fibra e cellula del loro corpo era consumato e usurato.**

Vsaka mišica, vlakno in celica v njihovih telesih je bila izčrpana in obrabljena.

**E c'era un motivo: avevano percorso duemilacinquecento miglia.**

In za to je bil razlog – prevozili so dve tisoč petsto milj.

**Si erano riposati solo cinque giorni durante le ultime milleottocento miglia.**

V zadnjih osemsto kilometrih so počivali le pet dni.

**Quando giunsero a Skaguay, sembrava che riuscissero a malapena a stare in piedi.**

Ko so prispeli v Skaguay, so bili videti komaj sposobni stati pokonci.

**Facevano fatica a tenere le redini strette e a restare davanti alla slitta.**

Trudili so se, da bi trdno držali vajeti in ostali pred sanmi.

**Nei pendii in discesa riuscivano solo a evitare di essere investiti.**

Na pobočjih navzdol so se le uspeli izogniti temu, da bi jih povozili.

**"Continuate a marciare, poveri piedi doloranti", disse l'autista mentre zoppicavano.**

»Naprej, ubogi bolni nogi,« je rekel voznik, medtem ko sta šepala naprej.

**"Questo è l'ultimo tratto, poi ci prenderemo tutti un lungo riposo, di sicuro."**

"To je zadnji del, potem pa si bomo vsi zagotovo privoščili en daljši počitek."

**"Un riposo davvero lungo", promise, guardandoli barcollare in avanti.**

»En resnično dolg počitek,« je obljubil, medtem ko jih je opazoval, kako se opotekajo naprej.

**Gli autisti si aspettavano una lunga e necessaria pausa.**

Vozniki so pričakovali, da bodo zdaj deležni dolgega in potrebnega odmora.

**Avevano percorso milleduecento miglia con solo due giorni di riposo.**

Prepotovali so tisoč dvesto milj z le dvema dnevoma počitka.

**Per correttezza e ragione, ritenevano di essersi guadagnati un po' di tempo per rilassarsi.**

Po pravici in razumu so menili, da so si zaslužili čas za sprostitev.

**Ma troppi erano giunti nel Klondike e troppo pochi erano rimasti a casa.**

Toda preveč jih je prišlo na Klondike in premalo jih je ostalo doma.

**Le lettere delle famiglie continuavano ad arrivare, creando pile di posta in ritardo.**

Pisma družin so se kopičila in ustvarjala kupe zamujene pošte.

**Arrivarono gli ordini ufficiali: i nuovi cani della Hudson Bay avrebbero preso il sopravvento.**

Prispela so uradna navodila – novi psi iz Hudsonovega zaliva bodo prevzeli oblast.

**I cani esausti, ormai considerati inutili, dovevano essere eliminati.**

Izčrpane pse, ki so jih zdaj označili za ničvredne, je bilo treba odstraniti.

**Poiché i soldi erano più importanti dei cani, venivano venduti a basso prezzo.**

Ker je bil denar pomembnejši od psov, so jih nameravali prodati poceni.

**Passarono altri tre giorni prima che i cani si accorgessero di quanto fossero deboli.**

Minili so še trije dnevi, preden so psi začutili, kako šibki so.

**La quarta mattina, due uomini provenienti dagli Stati Uniti acquistarono l'intera squadra.**

Četrto jutro sta dva moška iz ZDA kupila celotno ekipo.

**La vendita comprendeva tutti i cani e le loro imbracature usate.**

Prodaja je vključevala vse pse in njihovo obrabljeno oprsnico.

**Mentre concludevano l'affare, gli uomini si chiamavano tra loro "Hal" e "Charles".**

Moška sta se med sklepanjem posla klicala »Hal« in »Charles«.

**Charles era un uomo di mezza età, pallido, con labbra molli e folti baffi.**

Charles je bil srednjih let, bled, z mlahavimi ustnicami in ostrimi konicami brk.

**Hal era un giovane, forse diciannove anni, che indossava una cintura imbottita di cartucce.**

Hal je bil mladenič, star morda devetnajst let, s pasom, polnim nabojev.

**Nella cintura erano contenuti un grosso revolver e un coltello da caccia, entrambi inutilizzati.**

Na pasu sta bila velik revolver in lovski nož, oba neuporabljena.

**Dimostrava quanto fosse inesperto e inadatto alla vita nel Nord.**

To je pokazalo, kako neizkušen in neprimeren je bil za severno življenje.

**Nessuno dei due uomini viveva in natura; la loro presenza sfidava ogni ragionevolezza.**

Nobeden od moških ni spadal v divjino; njuna prisotnost je kljubovala vsakemu razumu.

**Buck osservava lo scambio di denaro tra l'acquirente e l'agente.**

Buck je opazoval, kako si je kupec in agent izmenjevala denar.

**Sapeva che i conducenti dei treni postali stavano abbandonando la sua vita come tutti gli altri.**

Vedel je, da vozniki poštnih vlakov zapuščajo tudi njegovo življenje tako kot vsi ostali.

**Seguirono Perrault e François, ormai scomparsi.**

Sledila sta Perraultu in Françoisu, ki ju je zdaj več ni bilo več.

**Buck e la squadra vennero condotti al disordinato accampamento dei loro nuovi proprietari.**

Bucka in ekipo so odpeljali v površno taborišče njihovih novih lastnikov.

**La tenda cedeva, i piatti erano sporchi e tutto era in disordine.**

Šotor se je upogibal, posoda je bila umazana in vse je ležalo v neredu.

**Anche Buck notò una donna lì: Mercedes, moglie di Charles e sorella di Hal.**

Buck je tam opazil tudi žensko – Mercedes, Charlesovo ženo in Halovo sestro.

**Formavano una famiglia completa, anche se erano tutt'altro che adatti al sentiero.**

Bila sta popolna družina, čeprav še zdaleč ni bila primerna za pot.

**Buck osservava nervosamente mentre il trio iniziava a impacchettare le provviste.**

Buck je živčno opazoval, kako je trojica začela pakirati zaloge.

**Lavoravano duro ma senza ordine, solo confusione e sforzi sprecati.**

Trdo so delali, a brez reda – le hrup in zaman trud.

**La tenda era arrotolata fino a formare una sagoma ingombrante, decisamente troppo grande per la slitta.**

Šotor je bil zvit v zajetno obliko, prevelik za sani.

**I piatti sporchi venivano imballati senza essere stati né lavati né asciugati.**

Umazana posoda je bila zapakirana, ne da bi bila sploh oprana ali posušena.

**Mercedes svolazzava in giro, parlando, correggendo e intromettendosi in continuazione.**

Mercedes je frfotala naokoli, nenehno govorila, popravljala in se vmešavala.

**Quando le misero un sacco davanti, lei insistette perché lo mettesse dietro.**

Ko so spredaj položili vrečo, je vztrajala, da jo položijo tudi zadaj.

**Mise il sacco in fondo e un attimo dopo ne ebbe bisogno.**

Vrečo je pospravila na dno in že naslednji trenutek jo je potrebovala.

**Quindi la slitta venne disimballata di nuovo per raggiungere quella specifica borsa.**

Torej so sani spet razpakirali, da bi dosegli tisto določeno vrečo.

**Lì vicino, tre uomini stavano fuori da una tenda e osservavano la scena che si svolgeva.**

V bližini so pred šotorom stali trije moški in opazovali prizor.

**Sorrisero, ammiccarono e sogghignarono di fronte all'evidente confusione dei nuovi arrivati.**

Nasmehnili so se, pomežiknili in se zarežali ob očitni zmedenosti prišlekov.

**"Hai già un carico parecchio pesante", disse uno degli uomini.**

„Že tako imaš kar precejšen tovor," je rekel eden od moških.

**"Non credo che dovresti portare quella tenda, ma la scelta è tua."**

"Mislim, da tega šotora ne bi smel nositi, ampak to je tvoja odločitev."

**"Impensabile!" esclamò Mercedes, alzando le mani in segno di disperazione.**

„Nesanjano!" je vzkliknila Mercedes in v obupu dvignila roke.

**"Come potrei viaggiare senza una tenda sotto cui dormire?"**

"Kako bi sploh lahko potoval brez šotora, pod katerim bi lahko bival?"

**«È primavera, non vedrai più il freddo», rispose l'uomo.**

„Pomlad je – mrzlega vremena ne boste več videli," je odgovoril moški.

**Ma lei scosse la testa e loro continuarono ad accumulare oggetti sulla slitta.**

Ampak je zmajala z glavo, oni pa so še naprej nalagali predmete na sani.

**Il carico era pericolosamente alto mentre aggiungevano gli ultimi oggetti.**

Tovor se je nevarno dvigal, ko so dodajali zadnje stvari.

**"Pensi che la slitta andrà avanti?" chiese uno degli uomini con aria scettica.**

„Misliš, da se bodo sani peljale?" je skeptično vprašal eden od moških.

**"E perché non dovrebbe?" ribatté Charles con netto fastidio.**

„Zakaj pa ne bi?" je Charles z ostro jezo odvrnil.

**"Oh, va bene", disse rapidamente l'uomo, evitando di offendersi.**

„Oh, saj je vse v redu," je moški hitro rekel in se umaknil, da bi se užalil.

**"Mi chiedevo solo: mi sembrava un po' troppo pesante nella parte superiore."**

„Samo spraševal sem se – meni se je zdelo, da je malo preveč težek."

**Charles si voltò e legò il carico meglio che poté.**

Karel se je obrnil stran in privezal tovor, kolikor je le mogel.

**Ma le legature erano allentate e l'imballaggio nel complesso era fatto male.**

Ampak pritrdilne vrvi so bile ohlapne in pakiranje na splošno slabo opravljeno.

**"Certo, i cani tireranno così tutto il giorno", disse sarcasticamente un altro uomo.**

»Seveda, psi bodo to vlekli ves dan,« je sarkastično rekel drug moški.

**«Certamente», rispose Hal freddamente, afferrando il lungo timone della slitta.**

„Seveda," je hladno odgovoril Hal in zgrabil dolgo palico za vprego sani.

**Tenendo una mano sul palo, faceva roteare la frusta nell'altra.**

Z eno roko na drogu je v drugi zamahnil z bičem.

**"Andiamo!" urlò. "Muovetevi!", incitando i cani a partire.**

„Gremo!" je zavpil. „Premaknite se!" je spodbudil pse, naj začnejo.

**I cani si appoggiarono all'imbracatura e si sforzarono per qualche istante.**

Psi so se nagnili v oprsnico in se nekaj trenutkov napenjali.

**Poi si fermarono, incapaci di spostare di un centimetro la slitta sovraccarica.**

Nato so se ustavili, saj preobremenjenih sani niso mogli premakniti niti za centimeter.

**"Quei fannulloni!" urlò Hal, alzando la frusta per colpirli.**

„Lene zveri!" je zavpil Hal in dvignil bič, da bi jih udaril.

**Ma Mercedes si precipitò dentro e strappò la frusta dalle mani di Hal.**

Toda Mercedes je prihitela in Halu iztrgala bič iz rok.

**«Oh, Hal, non osare far loro del male», gridò allarmata.**

„Oh, Hal, ne drzni si jih poškodovati," je prestrašeno zavpila.

**"Promettimi che sarai gentile con loro, altrimenti non farò un altro passo."**

"Obljubi mi, da boš prijazen do njih, sicer ne bom naredil niti koraka več."

**"Non sai niente di cani", scattò Hal contro la sorella.**

„Nič ne veš o psih," je Hal zarezal v sestro.

**"Sono pigri e l'unico modo per smuoverli è frustarli."**

"Leni so in edini način, da jih premakneš, je, da jih pretepeš."

**"Chiedi a chiunque, chiedi a uno di quegli uomini laggiù se dubiti di me."**

„Vprašaj kogarkoli – vprašaj enega od tistih mož tam, če dvomiš vame."

**Mercedes guardò gli astanti con occhi imploranti e pieni di lacrime.**

Mercedes je s prošnjo, solznimi očmi pogledala opazovalce.

**Il suo viso rivelava quanto odiasse la vista di qualsiasi dolore.**

Na njenem obrazu je bilo razvidno, kako globoko je sovražila vsakršno bolečino.

"Sono deboli, tutto qui", ha detto un uomo. "Sono sfiniti."

»Šibki so, to je vse,« je rekel en moški. »Izčrpani so.«

**"Hanno bisogno di riposare: hanno lavorato troppo a lungo senza una pausa."**

"Potrebujejo počitek – predolgo so delali brez odmora."

**«Che il resto sia maledetto», borbottò Hal arricciando il labbro.**

„Prekleto bodi ostalo," je zamrmral Hal s stisnjeno ustnico.

**Mercedes sussultò, visibilmente addolorata per le parole volgari pronunciate da lui.**

Mercedes je zavzdihnila, očitno jo je prizadela njegova groba beseda.

**Ciononostante, lei rimase leale e difese immediatamente il fratello.**

Kljub temu je ostala zvesta in takoj stopila v obrambo svojega brata.

**"Non badare a quell'uomo", disse ad Hal. "Sono i nostri cani."**

„Ne zmeni se za tega človeka," je rekla Halu. „To so naši psi."

**"Li guidi come meglio credi: fai ciò che ritieni giusto."**

"Voziš jih, kot se ti zdi primerno – delaš, kar se ti zdi prav."

**Hal sollevò la frusta e colpì di nuovo i cani senza pietà.**

Hal je dvignil bič in znova brez milosti udaril pse.

**Si lanciarono in avanti, con i corpi bassi e i piedi che affondavano nella neve.**

Planili so naprej, s telesi nizko, z nogami, odrinjenimi od snega.

**Tutta la loro forza era concentrata nel traino, ma la slitta non si muoveva.**

Vso svojo moč so vložili v vleko, a sani se niso premaknile.

**La slitta rimase bloccata, come un'ancora congelata nella neve compatta.**

Sani so ostale zataknjene, kot sidro, zamrznjeno v zbitem snegu.

**Dopo un secondo tentativo, i cani si fermarono di nuovo, ansimando forte.**

Po drugem poskusu so se psi spet ustavili, močno sopihajoč.

**Hal sollevò di nuovo la frusta, proprio mentre Mercedes interferiva di nuovo.**

Hal je še enkrat dvignil bič, ravno ko se je Mercedes spet vmešala.

**Si lasciò cadere in ginocchio davanti a Buck e gli abbracciò il collo.**

Padla je na kolena pred Bucka in ga objela za vrat.

**Le lacrime le riempivano gli occhi mentre implorava il cane esausto.**

Solze so ji napolnile oči, ko je prosila izčrpanega psa.

**"Poveri cari", disse, "perché non tirate più forte?"**

„Ubogi dragi moji," je rekla, „zakaj preprosto ne potegnete močneje?"

**"Se tiri, non verrai frustato così."**

"Če boš vlekel, te ne bodo tako bičali."

**A Buck non piaceva Mercedes, ma ormai era troppo stanco per resisterle.**

Buck ni maral Mercedes, a je bil preveč utrujen, da bi se ji zdaj upiral.

**Lui accettò le sue lacrime come se fossero solo un'altra parte di quella giornata miserabile.**

Njene solze je sprejel le kot še en del bednega dne.

**Uno degli uomini che osservavano, dopo aver represso la rabbia, finalmente parlò.**

Eden od opazovalcev je končno spregovoril, potem ko je zadržal jezo.

**"Non mi interessa cosa succede a voi, ma quei cani sono importanti."**

"Ne zanima me, kaj se bo zgodilo z vami, ampak ti psi so pomembni."

**"Se vuoi aiutare, stacca quella slitta: è ghiacciata e innevata."**

"Če hočeš pomagati, odtrgaj tiste sani – zmrznile so do snega."

**"Spingi con forza il palo della luce, a destra e a sinistra, e rompi il sigillo di ghiaccio."**

"Močno potisnite na drog, desno in levo, in prebijte ledeni pečat."

**Fu fatto un terzo tentativo, questa volta seguendo il suggerimento dell'uomo.**

Opravljen je bil tretji poskus, tokrat po moškem predlogu.

**Hal fece oscillare la slitta da una parte all'altra, facendo staccare i pattini.**

Hal je zibal sani z ene strani na drugo in s tem sprostil drsnike.

**La slitta, benché sovraccarica e scomoda, alla fine sobbalzò in avanti.**

Sani, čeprav preobremenjene in nerodne, so se končno sunkovito premaknile naprej.

**Buck e gli altri tirarono selvaggiamente, spinti da una tempesta di frustate.**

Buck in ostali so divje vlekli, gnani z nevihto bičnih udarcev.

**Un centinaio di metri più avanti, il sentiero curvava e scendeva in pendenza verso la strada.**

Sto metrov naprej se je pot zavila in strmo spuščala na ulico.

**Ci sarebbe voluto un guidatore esperto per tenere la slitta in posizione verticale.**

Za vzdrževanje pokonci bi moral biti potreben spreten voznik.

**Hal non era abile e la slitta si ribaltò mentre svoltava.**

Hal ni bil spreten in sani so se prevrnile, ko so se zavile okoli ovinka.

**Le cinghie allentate cedettero e metà del carico si rovesciò sulla neve.**

Ohlapne privezovalne vrvi so popustile in polovica tovora se je razsula na sneg.

**I cani non si fermarono; la slitta più leggera continuò a procedere su un fianco.**

Psi se niso ustavili; lažje sani so letele naprej na boku.

**I cani, furiosi per i maltrattamenti e per il peso del carico, corsero più veloci.**

Jezni zaradi zlorabe in težkega bremena so psi tekli hitreje.

**Buck, infuriato, si lanciò a correre, seguito dalla squadra.**

Buck se je v besu pognal v tek, ekipa pa mu je sledila.

**Hal urlò "Whoa! Whoa!" ma la squadra non gli prestò attenzione.**

Hal je zavpil »Vau! Vau!«, vendar se ekipa ni zmenila zanj.

**Inciampò, cadde e fu trascinato a terra dall'imbracatura.**

Spotaknil se je, padel in ga je pas vlekel po tleh.

**La slitta rovesciata lo travolse mentre i cani continuavano a correre avanti.**

Prevrnjene sani so ga prevrnile, medtem ko so psi dirjali naprej.

**Il resto delle provviste è sparso lungo la trafficata strada di Skaguay.**

Preostale zaloge so se raztresle po prometni ulici v Skaguayu.

**Le persone di buon cuore si precipitarono a fermare i cani e a raccogliere l'attrezzatura.**

Dobrosrčni ljudje so hiteli ustavljat pse in pobirati opremo.

**Diedero anche consigli schietti e pratici ai nuovi viaggiatori.**

Novim popotnikom so dajali tudi nasvete, neposredne in praktične.

**"Se vuoi raggiungere Dawson, prendi metà del carico e raddoppia i cani."**

"Če želiš priti do Dawsona, vzemi polovico tovora in podvoji število psov."

**Hal, Charles e Mercedes ascoltarono, anche se non con entusiasmo.**

Hal, Charles in Mercedes so poslušali, čeprav ne z navdušenjem.

**Montarono la tenda e cominciarono a sistemare le loro provviste.**

Postavili so šotor in začeli prebirati svoje zaloge.

**Ne uscirono dei cibi in scatola, che fecero ridere a crepapelle gli astanti.**

Prišle so konzervirane jedi, kar je prisotne nasmejalo.

**"Roba in scatola sul sentiero? Morirai di fame prima che si sciolga", disse uno.**

»Konzervirane stvari na poti? Umrl boš od lakote, preden se stopijo,« je rekel eden.

**"Coperte d'albergo? Meglio buttarle via tutte."**

"Hotelske odeje? Bolje je, da jih vse vržeš ven."

**"Togli anche la tenda e qui nessuno laverà più i piatti."**

"Če zapustiš tudi šotor, tukaj nihče ne pomiva posode."

"Pensi di viaggiare su un treno Pullman con dei servitori a bordo?"

„Misliš, da se voziš s Pullmanovim vlakom s služabniki na krovu?"

Il processo ebbe inizio: ogni oggetto inutile venne gettato da parte.

Postopek se je začel – vsak neuporaben predmet je bil odvržen na stran.

Mercedes pianse quando le sue borse furono svuotate sul terreno innevato.

Mercedes je jokala, ko so njene torbe izpraznili na zasnežena tla.

Singhiozzava per ogni oggetto buttato via, uno per uno, senza sosta.

Jokala je nad vsakim predmetom, ki ga je vrgla ven, enega za drugim brez premora.

Giurò di non fare un altro passo, nemmeno per dieci Charles.

Prisegla je, da ne bo naredila niti koraka več – niti za deset Charlesov.

Pregò ogni persona vicina di lasciarle conservare le sue cose preziose.

Vsakogar v bližini je prosila, naj ji dovoli obdržati njene dragocene stvari.

Alla fine si asciugò gli occhi e cominciò a gettare via anche i vestiti più importanti.

Končno si je obrisala oči in začela metati celo najpomembnejša oblačila.

Una volta terminato il suo, cominciò a svuotare le scorte degli uomini.

Ko je končala s svojimi, je začela prazniti moške zaloge.

Come un turbine, fece a pezzi gli effetti personali di Charles e Hal.

Kot vihar je razdejala Charlesove in Halove stvari.

Sebbene il carico fosse dimezzato, era comunque molto più pesante del necessario.

Čeprav se je tovor prepolovil, je bil še vedno veliko težji, kot je bilo potrebno.

**Quella notte, Charles e Hal uscirono e comprarono sei nuovi cani.**

Tisto noč sta Charles in Hal šla ven in kupila šest novih psov.

**Questi nuovi cani si unirono ai sei originali, più Teek e Koona.**

Ti novi psi so se pridružili prvotnim šestim, poleg Teeka in Koone.

**Insieme formarono una squadra di quattordici cani attaccati alla slitta.**

Skupaj so tvorili vprego štirinajstih psov, vpreženih v sani.

**Ma i nuovi cani erano inadatti e poco addestrati per il lavoro con la slitta.**

Toda novi psi so bili neprimerni in slabo izurjeni za delo s sanmi.

**Tre dei cani erano cani da caccia a pelo corto, mentre uno era un Terranova.**

Trije psi so bili kratkodlaki ptičarji, eden pa je bil novofundlandec.

**Gli ultimi due cani erano meticci senza alcuna razza o scopo ben definito.**

Zadnja dva psa sta bila mešanca brez jasne pasme ali namena.

**Non capivano il percorso e non lo imparavano in fretta.**

Poti niso razumeli in se je niso hitro naučili.

**Buck e i suoi compagni li osservavano con disprezzo e profonda irritazione.**

Buck in njegovi tovariši so jih opazovali s prezirom in globoko razdraženostjo.

**Sebbene Buck insegnasse loro cosa non fare, non poteva insegnare loro il dovere.**

Čeprav jih je Buck naučil, česa ne smejo početi, jih ni mogel naučiti dolžnosti.

**Non amavano la vita sui sentieri né la trazione delle redini e delle slitte.**

Niso se dobro prenašali vlečenja ali vleke vajeti in sani.

**Soltanto i bastardi cercarono di adattarsi, e anche a loro mancava lo spirito combattivo.**

Le mešanci so se poskušali prilagoditi, pa tudi njim je manjkalo borbenega duha.

**Gli altri cani erano confusi, indeboliti e distrutti dalla loro nuova vita.**

Drugi psi so bili zaradi svojega novega življenja zmedeni, oslabljeni in zlomljeni.

**Con i nuovi cani all'oscuro e i vecchi esausti, la speranza era flebile.**

Ker so novi psi bili brez pojma, stari pa izčrpani, je bilo upanje majhno.

**La squadra di Buck aveva percorso duemilacinquecento miglia di sentiero accidentato.**

Buckova ekipa je prevozila dve tisoč petsto milj zahtevne poti.

**Ciononostante, i due uomini erano allegri e orgogliosi della loro grande squadra di cani.**

Kljub temu sta bila moška vesela in ponosna na svojo veliko pasjo ekipo.

**Pensavano di viaggiare con stile, con quattordici cani al seguito.**

Mislili so, da potujejo v stilu, s štirinajstimi poročenimi psi.

**Avevano visto delle slitte partire per Dawson e altre arrivarne.**

Videli so sani, ki so odhajale proti Dawsonu, in druge, ki so prihajale od tam.

**Ma non ne avevano mai vista una trainata da ben quattordici cani.**

Nikoli pa niso videli, da bi ga vleklo kar štirinajst psov.

**C'era un motivo per cui squadre del genere erano rare nelle terre selvagge dell'Artico.**

Obstajal je razlog, zakaj so bile takšne ekipe redke v arktični divjini.

**Nessuna slitta poteva trasportare cibo sufficiente a sfamare quattordici cani per l'intero viaggio.**

Nobene sani niso mogle prepeljati dovolj hrane, da bi nahranile štirinajst psov na poti.

**Ma Charles e Hal non lo sapevano: avevano fatto i calcoli.**

Ampak Charles in Hal tega nista vedela – izračunala sta že sama.

**Hanno pianificato la razione di cibo: una certa quantità per cane, per un certo numero di giorni, fatta.**

Narisali so hrano: toliko na psa, toliko dni, končano.

**Mercedes guardò i numeri e annuì come se avessero senso.**

Mercedes je pogledala njihove številke in prikimala, kot da bi bilo smiselno.

**Tutto le sembrava molto semplice, almeno sulla carta.**

Vse skupaj se ji je zdelo zelo preprosto, vsaj na papirju.


**La mattina seguente, Buck guidò lentamente la squadra lungo la strada innevata.**

Naslednje jutro je Buck počasi vodil ekipo po zasneženi ulici.

**Non c'era né energia né spirito in lui e nei cani dietro di lui.**

Niti v njem niti v psih za njim ni bilo ne energije ne duha.

**Erano stanchi morti fin dall'inizio: non avevano più riserve.**

Že od samega začetka so bili smrtno utrujeni – niso imeli več nobene rezerve.

**Buck aveva già fatto quattro viaggi tra Salt Water e Dawson.**

Buck je že opravil štiri vožnje med Salt Waterjem in Dawsonom.

**Ora, di fronte alla stessa pista, non provava altro che amarezza.**

Zdaj, ko se je spet soočil z isto potjo, ni čutil nič drugega kot grenkobo.

**Il suo cuore non c'era, e nemmeno quello degli altri cani.**

Njegovo srce ni bilo pri tem, prav tako ne srca drugih psov.

**I nuovi cani erano timidi e gli husky non si fidavano per niente.**

Novi psi so bili plašni, haskiji pa so bili brez kakršnega koli zaupanja.

**Buck capì che non poteva fare affidamento su quei due uomini o sulla loro sorella.**

Buck je čutil, da se ne more zanesti ne na ta dva moška ne na njuno sestro.

**Non sapevano nulla e non mostravano alcun segno di apprendimento lungo il percorso.**

Niso vedeli ničesar in na poti niso kazali nobenih znakov učenja.

**Erano disorganizzati e privi di qualsiasi senso di disciplina.**

Bili so neorganizirani in jim je manjkal vsakršen občutek za disciplino.

**Ogni volta impiegavano metà della notte per allestire un accampamento malmesso.**

Vsakič so potrebovali pol noči, da so postavili površen tabor.

**E metà della mattina successiva la trascorsero di nuovo armeggiando con la slitta.**

In polovico naslednjega dopoldneva so spet preživeli v igri s sanmi.

**Spesso a mezzogiorno si fermavano solo per sistemare il carico irregolare.**

Do poldneva so se pogosto ustavili samo zato, da bi popravili neenakomerno obremenitev.

**In alcuni giorni percorsero meno di dieci miglia in totale.**

Nekatere dni so prepotovali skupno manj kot deset milj.

**Altri giorni non riuscivano proprio ad abbandonare l'accampamento.**

Druge dni jim sploh ni uspelo zapustiti tabora.

**Non sono mai riusciti a coprire la distanza alimentare prevista.**

Nikoli se niso niti približali načrtovani razdalji za prevoz hrane.

**Come previsto, il cibo per i cani finì molto presto.**

Kot je bilo pričakovati, jim je hrane za pse zelo hitro zmanjkalo.

**Nei primi tempi hanno peggiorato ulteriormente la situazione con l'eccesso di cibo.**

V zgodnjih dneh so stvari še poslabšali s prenajedanjem.

**Ciò rendeva la carestia sempre più vicina, con ogni razione disattenta.**

To je z vsakim neprevidnim obrokom približevalo lakoto.

I nuovi cani non avevano ancora imparato a sopravvivere con molto poco.

Novi psi se niso naučili preživeti z zelo malo.

Mangiarono avidamente, con un appetito troppo grande per il sentiero.

Jedli so lačno, saj so imeli prevelik apetit za pot.

Vedendo i cani indebolirsi, Hal pensò che il cibo non fosse sufficiente.

Ko je videl, kako psi slabijo, je Hal verjel, da hrana ni dovolj.

Raddoppiò le razioni, peggiorando ulteriormente l'errore.

Podvojil je obroke, s čimer je napako še poslabšal.

Mercedes aggravò il problema con le sue lacrime e le sue suppliche sommesse.

Mercedes je težavo še poslabšala s solzami in tihim moledovanjem.

Quando non riuscì a convincere Hal, diede da mangiare ai cani di nascosto.

Ko Hala ni mogla prepričati, je pse na skrivaj nahranila.

Rubò il pesce dai sacchi e glielo diede alle spalle.

Ukradla je iz vreč z ribami in jim jih dala za njegovim hrbtom.

Ma ciò di cui i cani avevano veramente bisogno non era altro cibo: era riposo.

Toda psi v resnici niso potrebovali več hrane – potrebovali so počitek.

Nonostante la loro scarsa velocità, la pesante slitta continuava a procedere.

Počasi so se vozili, a težke sani so se še vedno vlekle.

Quel peso da solo esauriva ogni giorno le loro forze rimanenti.

Že sama teža jim je vsak dan izčrpala preostalo moč.

Poi arrivò la fase della sottoalimentazione, quando le scorte scarseggiavano.

Nato je prišla faza podhranjenosti, saj je zalog zmanjkalo.

Una mattina Hal si accorse che metà del cibo per cani era già finito.

Hal je nekega jutra ugotovil, da je polovica pasje hrane že izginila.

**Avevano percorso solo un quarto della distanza totale del sentiero.**

Prepotovali so le četrtino celotne razdalje poti.

**Non si poteva più comprare cibo, a qualunque prezzo.**

Hrane ni bilo mogoče kupiti več, ne glede na ponujeno ceno.

**Ridusse le porzioni dei cani al di sotto della razione giornaliera standard.**

Psom je zmanjšal porcije pod standardni dnevni obrok.

**Allo stesso tempo, chiese di viaggiare più a lungo per compensare la perdita.**

Hkrati je zahteval daljša potovanja, da bi nadomestil izgubo.

**Mercedes e Charles appoggiarono questo piano, ma fallirono nella sua realizzazione.**

Mercedes in Charles sta ta načrt podprla, vendar ju ni uspelo izvesti.

**La loro pesante slitta e la mancanza di abilità rendevano il progresso quasi impossibile.**

Zaradi težkih sani in pomanjkanja spretnosti je bil napredek skoraj nemogoč.

**Era facile dare meno cibo, ma impossibile forzare uno sforzo maggiore.**

Lahko je bilo dati manj hrane, nemogoče pa je bilo prisiliti k večjemu trudu.

**Non potevano partire prima, né viaggiare per ore extra.**

Niso mogli začeti zgodaj, niti potovati dlje časa.

**Non sapevano come gestire i cani, e nemmeno loro stessi, a dire il vero.**

Niso znali delati s psi, pa tudi s seboj niso vedeli.

**Il primo cane a morire fu Dub, lo sfortunato ma laborioso ladro.**

Prvi pes, ki je umrl, je bil Dub, nesrečni, a delav tat.

**Sebbene spesso punito, Dub aveva fatto la sua parte senza lamentarsi.**

Čeprav je bil Dub pogosto kaznovan, je brez pritožb opravljal svojo nalogo.

**La sua spalla ferita peggiorò se non ricevette cure adeguate e non ebbe bisogno di riposo.**

Njegova poškodovana rama se je brez oskrbe ali potrebe po počitku poslabšala.

**Alla fine, Hal usò la pistola per porre fine alle sofferenze di Dub.**

Končno je Hal z revolverjem končal Dubovo trpljenje.

**Un detto comune afferma che i cani normali muoiono se vengono nutriti con razioni di husky.**

Pogost pregovor pravi, da normalni psi umrejo na obrokih haskijev.

**I sei nuovi compagni di Buck avevano ricevuto solo metà della quota di cibo riservata all'husky.**

Buckovih šest novih spremljevalcev je imelo le polovico haskijevega deleža hrane.

**Il Terranova morì per primo, seguito dai tre cani da caccia a pelo corto.**

Najprej je poginil novofundlandski pes, nato pa še trije kratkodlaki ptičarji.

**I due bastardi resistettero più a lungo ma alla fine morirono come gli altri.**

Dva mešanca sta vztrajala dlje, a sta na koncu poginila tako kot ostali.

**Ormai tutti i comfort e la gentilezza del Southland erano scomparsi.**

Do takrat so bile vse ugodnosti in nežnost Južne dežele izginile.

**Le tre persone avevano perso le ultime tracce della loro educazione civile.**

Trije ljudje so opustili zadnje sledi svoje civilizirane vzgoje.

**Spogliato di glamour e romanticismo, il viaggio nell'Artico è diventato brutalmente reale.**

Brez glamurja in romantike je potovanje po Arktiki postalo brutalno resnično.

**Era una realtà troppo dura per il loro senso di virilità e femminilità.**

To je bila resničnost prekruta za njihov občutek moškosti in ženskosti.

**Mercedes non piangeva più per i cani, ma piangeva solo per se stessa.**

Mercedes ni več jokala za pse, ampak je zdaj jokala samo še zase.

**Trascorreva il tempo piangendo e litigando con Hal e Charles.**

Svoj čas je preživljala v joku in prepirih s Halom in Charlesom.

**Litigare era l'unica cosa per cui non si stancavano mai.**

Prepir je bila edina stvar, za katero se niso nikoli preveč naveličali.

**La loro irritabilità derivava dalla miseria, cresceva con essa e la superava.**

Njihova razdražljivost je izvirala iz bede, z njo rasla in jo presegla.

**La pazienza del cammino, nota a coloro che faticano e soffrono con generosità, non è mai arrivata.**

Potrpežljivost poti, znana tistim, ki se trudijo in trpijo prijazno, ni nikoli prišla.

**Quella pazienza che rende dolce la parola nonostante il dolore, era a loro sconosciuta.**

Ta potrpežljivost, ki ohranja govor sladek kljub bolečini, jim je bila neznana.

**Non avevano alcun briciolo di pazienza, nessuna forza derivante dalla sofferenza con grazia.**

Niso imeli niti kančka potrpežljivosti, nobene moči, ki bi jo črpali iz trpljenja z milostjo.

**Erano irrigiditi dal dolore: dolori nei muscoli, nelle ossa e nel cuore.**

Bili so okoreli od bolečin – boleče so jih mišice, kosti in srce.

**Per questo motivo, divennero taglienti nella lingua e pronti a pronunciare parole dure.**

Zaradi tega so postali ostri na jeziku in hitri v ostrih besedah.

**Ogni giorno iniziava e finiva con voci arrabbiate e lamentele amare.**

Vsak dan se je začel in končal z jeznimi glasovi in grenkimi pritožbami.

**Charles e Hal litigavano ogni volta che Mercedes ne dava loro l'occasione.**

Charles in Hal sta se prepirala vsakič, ko jima je Mercedes dala priložnost.

**Ogni uomo credeva di aver fatto più del dovuto.**

Vsak moški je verjel, da je opravil več kot svoj delež dela.

**Nessuno dei due ha mai perso l'occasione di dirlo, ancora e ancora.**

Niti eden niti drugi nista zamudila priložnosti, da bi to povedala, znova in znova.

**A volte Mercedes si schierava con Charles, a volte con Hal.**

Včasih je Mercedes stala na strani Charlesa, včasih na strani Hala.

**Ciò portò a una grande e infinita lite tra i tre.**

To je privedlo do velikega in neskončnega prepira med tremi.

**La disputa su chi dovesse tagliare la legna da ardere divenne incontrollabile.**

Spor o tem, kdo naj seka drva, je ušel izpod nadzora.

**Ben presto vennero nominati padri, madri, cugini e parenti defunti.**

Kmalu so bili imenovani očetje, matere, bratranci in sestrične ter umrli sorodniki.

**Le opinioni di Hal sull'arte o sulle opere teatrali di suo zio divennero parte della lotta.**

Halovi pogledi na umetnost ali stričeve igre so postali del boja.

**Anche le convinzioni politiche di Carlo entrarono nel dibattito.**

V razpravo so vstopila tudi Charlesova politična prepričanja.

**Per Mercedes, perfino i pettegolezzi della sorella del marito sembravano rilevanti.**

Mercedes so se celo trače njene moževe sestre zdele pomembne.

**Espresse la sua opinione su questo e su molti dei difetti della famiglia di Charles.**

Izrazila je mnenja o tem in o številnih pomanjkljivostih Charlesove družine.

**Mentre discutevano, il fuoco rimase spento e l'accampamento mezzo allestito.**

Medtem ko sta se prepirala, je ogenj ostal ugasnjen in tabor napol požgan.

**Nel frattempo i cani erano rimasti infreddoliti e senza cibo.**

Medtem so psi ostali premraženi in brez hrane.

**Mercedes nutriva un risentimento che considerava profondamente personale.**

Mercedes je imela zamero, ki jo je imela za globoko osebno.

**Si sentiva maltrattata in quanto donna e le venivano negati i suoi gentili privilegi.**

Kot ženska se je počutila slabo obravnavano, odrekane so ji bile njene nežne privilegije.

**Era carina e gentile, e per tutta la vita era stata abituata alla cavalleria.**

Bila je lepa in nežna ter vse življenje vajena viteštva.

**Ma suo marito e suo fratello ora la trattavano con impazienza.**

Toda njen mož in brat sta jo zdaj obravnavala z nestrpnostjo.

**Aveva l'abitudine di comportarsi in modo impotente e loro cominciarono a lamentarsi.**

Njena navada je bila, da se dela nemočna, in začeli so se pritoževati.

**Offesa da ciò, rese loro la vita ancora più difficile.**

Zaradi tega je užaljena in jim je še bolj otežila življenje.

**Ignorò i cani e insistette per guidare lei stessa la slitta.**

Pse je ignorirala in vztrajala, da se bo sama peljala s sanmi.

**Sebbene sembrasse esile, pesava centoventi libbre (circa quaranta chili).**

Čeprav je bila videti rahlo vitka, je tehtala sto dvajset funtov.

**Quel peso aggiuntivo era troppo per i cani affamati e deboli.**

To dodatno breme je bilo preveč za stradajoče, šibke pse.

**Nonostante ciò, continuò a cavalcare per giorni, finché i cani non crollarono nelle redini.**

Vseeno je jahala več dni, dokler se psi niso zgrudili pod vajeti.

**La slitta si fermò e Charles e Hal la implorarono di proseguire a piedi.**

Sani so stale, Charles in Hal pa sta jo prosila, naj gre peš.

**Loro la implorarono e la scongiurarono, ma lei pianse e li definì crudeli.**

Prosili so in rotili, ona pa je jokala in jih imenovala krute.

**In un'occasione, la tirarono giù dalla slitta con pura forza e rabbia.**

Nekoč so jo s silo in jezo potegnili s sani.

**Dopo quello che accadde quella volta non ci riprovarono più.**

Po tistem, kar se je zgodilo, niso nikoli več poskusili.

**Si accasciò come una bambina viziata e si sedette nella neve.**

Omahnila je kot razvajen otrok in se usedla v sneg.

**Continuarono a muoversi, ma lei si rifiutò di alzarsi o di seguirli.**

Šla sta naprej, a ona ni hotela vstati ali slediti za njima.

**Dopo tre miglia si fermarono, tornarono indietro e la riportarono indietro.**

Po petih kilometrih so se ustavili, vrnili in jo odnesli nazaj.

**La ricaricarono sulla slitta, usando ancora una volta la forza bruta.**

Ponovno so jo naložili na sani, spet z vso močjo.

**Nella loro profonda miseria, erano insensibili alla sofferenza dei cani.**

V svoji globoki bedi so bili brezbrižni do trpljenja psov.

**Hal credeva che fosse necessario indurirsi e impose questa convinzione agli altri.**

Hal je verjel, da se je treba utrditi, in to prepričanje je vsiljeval drugim.

**Inizialmente ha cercato di predicare la sua filosofia a sua sorella**

Najprej je poskušal svojo filozofijo pridigati sestri

**e poi, senza successo, predicò al cognato.**

in nato je brez uspeha pridigal svojemu svaku.

**Ebbe più successo con i cani, ma solo perché li ferì.**

Pri psih je imel več uspeha, vendar le zato, ker jih je poškodoval.

**Da Five Fingers, il cibo per cani è rimasto completamente vuoto.**

V Five Fingers je pasji hrani popolnoma zmanjkalo hrane.

**Una vecchia squaw sdentata vendette qualche chilo di pelle di cavallo congelata**

Brezzoba stara ženska je prodala nekaj kilogramov zamrznjene konjske kože

**Hal scambiò la sua pistola con la pelle di cavallo secca.**

Hal je zamenjal svoj revolver za posušeno konjsko kožo.

**La carne proveniva dai cavalli affamati di allevatori di bovini, morti mesi prima.**

Meso je prišlo od sestradanih konj živinorejcev več mesecev prej.

**Congelata, la pelle era come ferro zincato: dura e immangiabile.**

Zamrznjena koža je bila kot pocinkano železo; trda in neužitna.

**Per riuscire a mangiarla, i cani dovevano masticare la pelle senza sosta.**

Psi so morali neskončno žvečiti kožo, da so jo pojedli.

**Ma le corde coriacee e i peli corti non erano certo un nutrimento.**

Toda usnjate strune in kratki lasje niso bili ravno hrana.

**La maggior parte della pelle era irritante e non era cibo in senso stretto.**

Večina kože je bila dražeča in v pravem pomenu besede ni bila hrana.

**E nonostante tutto, Buck barcollava davanti a tutti, come in un incubo.**

In skoz vse to se je Buck opotekal spredaj, kot v nočni mori.

**Quando poteva, tirava; quando non poteva, restava lì finché non veniva sollevato dalla frusta o dal bastone.**

Vlekel je, kadar je mogel; kadar ni mogel, je ležal, dokler ga ni dvignil bič ali palica.

**Il suo pelo fine e lucido aveva perso tutta la rigidità e la lucentezza di un tempo.**

Njegova fina, sijoča dlaka je izgubila vso togost in sijaj, ki ga je nekoč imela.

**I suoi capelli erano flosci, spettinati e pieni di sangue rappreso a causa dei colpi.**

Lasje so mu viseli mlahavi, razmršeni in prepojeni s posušeno krvjo od udarcev.

**I suoi muscoli si ridussero a midolli e i cuscinetti di carne erano tutti consumati.**

Njegove mišice so se skrčile v vrvice, vse kožne blazinice pa so bile obrabljene.

**Ogni costola, ogni osso erano chiaramente visibili attraverso le pieghe della pelle rugosa.**

Vsako rebro, vsaka kost se je jasno videla skozi gube nagubane kože.

**Fu straziante, ma il cuore di Buck non riuscì a spezzarsi.**

Bilo je srce parajoče, a Buckovo srce se ni moglo zlomiti.

**L'uomo con il maglione rosso lo aveva testato e dimostrato molto tempo prima.**

Moški v rdečem puloverju je to že zdavnaj preizkusil in dokazal.

**Così come accadde a Buck, accadde anche a tutti i suoi compagni di squadra rimasti.**

Tako kot je bilo z Buckom, je bilo tudi z vsemi njegovimi preostalimi soigralci.

**Ce n'erano sette in totale, ognuno uno scheletro ambulante di miseria.**

Skupaj jih je bilo sedem, vsak od njih pa je bil hodeče okostje bede.

**Erano diventati insensibili alle fruste e sentivano solo un dolore distante.**

Otrpnili so do bičanja in čutili so le oddaljeno bolečino.

**Anche la vista e i suoni li raggiungevano debolmente, come attraverso una fitta nebbia.**

Celo vid in zvok sta do njih segala komaj, kot skozi gosto meglo.

**Non erano mezzi vivi: erano ossa con deboli scintille al loro interno.**

Niso bili napol živi – bili so kosti z medlimi iskricami v notranjosti.

**Una volta fermati, crollarono come cadaveri, con le scintille quasi del tutto spente.**

Ko so se ustavili, so se zgrudili kot trupla, njihove iskre so skoraj ugasnile.

**E quando la frusta o il bastone colpivano di nuovo, le scintille sfarfallavano debolmente.**

In ko je bič ali palica znova udarila, so iskre šibko zaplapolale.

**Poi si alzarono, barcollarono in avanti e trascinarono le loro membra in avanti.**

Nato so vstali, se opotekajoče premaknili naprej in vlekli svoje ude naprej.

**Un giorno il gentile Billee cadde e non riuscì più a rialzarsi.**

Nekega dne je prijazni Billee padel in se sploh ni mogel več dvigniti.

**Hal aveva scambiato la sua pistola con quella di Billee, così decise di ucciderla con un'ascia.**

Hal je zamenjal svoj revolver, zato je namesto tega uporabil sekiro, da bi ubil Billeeja.

**Lo colpì alla testa, poi gli tagliò il corpo e lo trascinò via.**

Udaril ga je po glavi, nato mu je odrezal telo in ga odvlekel stran.

**Buck se ne accorse, e così fecero anche gli altri: sapevano che la morte era vicina.**

Buck je to videl, pa tudi drugi; vedeli so, da je smrt blizu.

**Il giorno dopo Koona se ne andò, lasciando solo cinque cani nel gruppo affamato.**

Naslednji dan je Koona odšla in v stradajoči vpregi je ostalo le pet psov.

**Joe, non più cattivo, era ormai troppo fuori di sé per rendersi conto di nulla.**

Joe, ki ni bil več zloben, je bil preveč zgrešen, da bi se sploh česa zavedal.

**Pike, ormai non fingeva più di essere ferito, era appena cosciente.**

Pike, ki se ni več pretvarjal, da je poškodovan, je bil komaj pri zavesti.

**Solleks, ancora fedele, si rammaricava di non avere più la forza di dare.**

Solleks, še vedno zvest, je žaloval, da nima moči, ki bi jo lahko dal.

**Teek fu battuto più di tutti perché era più fresco, ma stava calando rapidamente.**

Teeka so najbolj premagali, ker je bil bolj svež, a je hitro izgubljal na moči.

**E Buck, ancora in testa, non mantenne più l'ordine né lo fece rispettare.**

In Buck, ki je bil še vedno v vodstvu, ni več vzdrževal reda ali ga uveljavljal.

**Mezzo accecato dalla debolezza, Buck seguì la pista solo a tentoni.**

Napol slep od šibkosti je Buck sledil samo po občutku.

**Era una bellissima primavera, ma nessuno di loro se ne accorse.**

Bilo je čudovito pomladno vreme, a nihče od njih tega ni opazil.

**Ogni giorno il sole sorgeva prima e tramontava più tardi.**

Vsak dan je sonce vzšlo prej in zašlo kasneje kot prej.

**Alle tre del mattino era già spuntata l'alba; il crepuscolo durò fino alle nove.**

Ob treh zjutraj se je zdanilo; mrak je trajal do devetih.

**Le lunghe giornate erano illuminate dal sole primaverile.**

Dolgi dnevi so bili polni žara spomladanskega sonca.

**Il silenzio spettrale dell'inverno si era trasformato in un caldo mormorio.**

Zimska tišina se je spremenila v toplo šumenje.

**Tutta la terra si stava svegliando, animata dalla gioia degli esseri viventi.**

Vsa dežela se je prebujala, živa od veselja živih bitij.

**Il suono proveniva da ciò che era rimasto morto e immobile per tutto l'inverno.**

Zvok je prihajal iz tistega, kar je pozimi ležalo mrtvo in negibno.

**Ora quelle cose si mossero di nuovo, scrollandosi di dosso il lungo sonno del gelo.**

Zdaj so se te stvari spet premaknile in se otresle dolgega zmrzalnega spanca.

**La linfa saliva attraverso i tronchi scuri dei pini in attesa.**

Sok se je dvigal skozi temna debla čakajočih borovcev.

**Salici e pioppi tremuli fanno sbocciare giovani gemme luminose su ogni ramoscello.**

Vrbe in trepetlike na vsaki vejici poženejo svetle mlade popke.

**Arbusti e viti si tingono di un verde fresco mentre il bosco si anima.**

Grmičevje in trta so se sveže ozelenili, ko so gozdovi oživeli.

**Di notte i grilli cantavano e di giorno gli insetti strisciavano nella luce del sole.**

Ponoči so čivkali črički, na dnevnem soncu pa so se plazile žuželke.

**Le pernici gridavano e i picchi picchiavano in profondità tra gli alberi.**

Jerebice so bučale, žolne pa so trkale globoko v drevesih.

**Gli scoiattoli chiacchieravano, gli uccelli cantavano e le oche starnazzavano per richiamare l'attenzione dei cani.**

Veverice so čebljale, ptice so pele, gosi pa so trobile nad psi.

**Gli uccelli selvatici arrivavano a cunei affilati, volando in alto da sud.**

Divje kokoši so prihajale v ostrih klinih, letale so z juga.

**Da ogni pendio giungeva la musica di ruscelli nascosti e impetuosi.**

Z vsakega pobočja je prihajala glasba skritih, deročih potokov.

**Tutto si scongelava e si spezzava, si piegava e ricominciava a muoversi.**

Vse se je odtalilo, počilo, upognilo in spet začelo gibati.

**Lo Yukon si sforzò di spezzare le fredde catene del ghiaccio ghiacciato.**

Yukon se je naprezal, da bi pretrgal hladne verige zmrznjenega ledu.

Il ghiaccio si scioglieva sotto, mentre il sole lo scioglieva dall'alto.

Led se je topil spodaj, sonce pa ga je topilo od zgoraj.

Si aprirono dei buchi, si allargarono delle crepe e dei pezzi caddero nel fiume.

Odprle so se zračne luknje, razširile so se razpoke in kosi so padali v reko.

In mezzo a tutta questa vita sfrenata e sfrenata, i viaggiatori barcollavano.

Sredi vsega tega vrveža in žarečega življenja so se popotniki opotekali.

Due uomini, una donna e un branco di husky camminavano come morti.

Dva moška, ženska in krdelo haskijev so hodili kot mrtvi.

I cani cadevano, Mercedes piangeva, ma continuava a guidare la slitta.

Psi so padali, Mercedes je jokala, a je še vedno jahala sani.

Hal imprecò debolmente e Charles sbatté le palpebre con gli occhi lacrimanti.

Hal je slabotno preklinjal, Charles pa je pomežiknil skozi solzne oči.

Si imbatterono nell'accampamento di John Thornton, nei pressi della foce del White River.

Naleteli so na Thorntonov tabor ob ustju Bele reke.

Quando si fermarono, i cani caddero a terra, come se fossero stati tutti colpiti a morte.

Ko so se ustavili, so se psi zgrudili na tla, kot da bi bili vsi mrtvi.

Mercedes si asciugò le lacrime e guardò John Thornton.

Mercedes si je obrisala solze in pogledala Johna Thorntona.

Charles si sedette su un tronco, lentamente e rigidamente, dolorante per il sentiero.

Charles je sedel na hlod, počasi in togo, boleč od poti.

Hal parlava mentre Thornton intagliava l'estremità del manico di un'ascia.

Hal je govoril, medtem ko je Thornton rezljal konec ročaja sekire.

**Tagliò il legno di betulla e rispose con frasi brevi e decise.**

Rezal je brezov les in odgovarjal s kratkimi, a odločnimi odgovori.

**Quando gli veniva chiesto, dava un consiglio, certo che non sarebbe stato seguito.**

Ko so ga vprašali, je dal nasvet, prepričan, da ga ne bodo upoštevali.

**Hal spiegò: "Ci avevano detto che il ghiaccio lungo la pista si stava staccando".**

Hal je pojasnil: »Rekli so nam, da se led na poti topi.«

**"Ci avevano detto che dovevamo restare fermi, ma siamo arrivati a White River."**

„Rekli so, naj ostanemo pri miru – ampak prišli smo do Bele reke.“

**Concluse con un tono beffardo, come per cantare vittoria nelle difficoltà.**

Končal je s posmehljivim tonom, kot da bi želel razglasiti zmago v stiski.

**"E ti hanno detto la verità", rispose John Thornton a bassa voce ad Hal.**

„In povedali so ti resnico,“ je John Thornton tiho odgovoril Halu.

**"Il ghiaccio potrebbe cedere da un momento all'altro: è pronto a staccarsi."**

"Led lahko popusti vsak hip – pripravljen je odpadi."

**"Solo la fortuna cieca e gli sciocchi avrebbero potuto arrivare vivi fin qui."**

"Samo slepa sreča in bedaki so lahko prišli tako daleč živi."

**"Te lo dico senza mezzi termini: non rischierei la vita per tutto l'oro dell'Alaska."**

"Povem ti naravnost, ne bi tvegal svojega življenja za vse aljaško zlato."

**"Immagino che tu non sia uno stupido", rispose Hal.**

„To je verjetno zato, ker nisi bedak,“ je odgovoril Hal.

**"Comunque, andiamo avanti con Dawson." Srotolò la frusta.**

„Vseeno bomo šli naprej do Dawsona.“ Odvil je bič.

**"Sali, Buck! Ehi! Alzati! Forza!" urlò con voce roca.**

„Pojdi gor, Buck! Živjo! Vstani! Kar daj!" je ostro zavpil.

**Thornton continuò a intagliare, sapendo che gli sciocchi non volevano sentire ragioni.**

Thornton je kar naprej rezbaril, saj je vedel, da bedaki ne bodo poslušali razuma.

**Fermare uno stupido era inutile, e due o tre stupidi non cambiavano nulla.**

Ustaviti bedaka je bilo zaman – in dva ali trije bedaci niso ničesar spremenili.

**Ma la squadra non si mosse al suono del comando di Hal.**

Toda ekipa se ob zvoku Halovega ukaza ni premaknila.

**Ormai solo i colpi potevano farli sollevare e avanzare.**

Do zdaj so jih lahko le udarci dvignili in potegnili naprej.

**La frusta schioccava ripetutamente sui cani indeboliti.**

Bič je znova in znova udarjal po oslabelih psih.

**John Thornton strinse forte le labbra e osservò in silenzio.**

John Thornton je tesno stisnil ustnice in molče opazoval.

**Solleks fu il primo a rialzarsi sotto la frusta.**

Solleks se je prvi pod bičem splazil na noge.

**Poi Teek lo seguì, tremando. Joe urlò mentre barcollava.**

Nato je Teek trepetajoč sledil. Joe je kriknil, ko se je spotaknil.

**Pike cercò di alzarsi, fallì due volte, poi alla fine si rialzò barcollando.**

Pike je poskušal vstati, dvakrat mu ni uspelo, nato pa je končno ostal negotov.

**Ma Buck rimase lì dov'era caduto, senza muoversi affatto.**

Toda Buck je ležal tam, kjer je padel, tokrat se sploh ni premaknil.

**La frusta lo colpì più volte, ma lui non emise alcun suono.**

Bič ga je znova in znova bičal, a ni izdal niti glasu.

**Lui non sussultò né oppose resistenza, rimase semplicemente immobile e in silenzio.**

Ni se zdrznil ali upiral, preprosto je ostal pri miru in tiho.

**Thornton si mosse più di una volta, come per dire qualcosa, ma non lo fece.**

Thornton se je večkrat premaknil, kot da bi hotel spregovoriti, a ni.

**I suoi occhi si inumidirono, ma la frusta continuava a schioccare contro Buck.**

Oči so se mu orosile, bič pa je še vedno prasketal po Bucku.

**Alla fine Thornton cominciò a camminare lentamente, incerto sul da farsi.**

Končno je Thornton začel počasi hoditi sem ter tja, negotov, kaj naj stori.

**Era la prima volta che Buck falliva e Hal si infuriò.**

Bucku je prvič spodletelo, Hal pa je postal besen.

**Gettò via la frusta e prese al suo posto il pesante manganello.**

Vrgel je bič in namesto tega pograbil težko palico.

**La mazza di legno colpì con violenza, ma Buck non si alzò per muoversi.**

Lesena palica je močno udarila, a Buck se še vedno ni dvignil, da bi se premaknil.

**Come i suoi compagni di squadra, era troppo debole, ma non solo.**

Tako kot njegovi soigralci je bil prešibak – ampak še več kot to.

**Buck aveva deciso di non muoversi, qualunque cosa accadesse.**

Buck se je odločil, da se ne bo premaknil, ne glede na to, kaj se bo zgodilo potem.

**Sentì qualcosa di oscuro e sicuro incombere proprio davanti a sé.**

Čutil je nekaj temnega in nedvomnega, ki je lebdel tik pred njim.

**Quel terrore lo aveva colto non appena aveva raggiunto la riva del fiume.**

Ta strah ga je obšel takoj, ko je prišel do rečnega brega.

**Quella sensazione non lo aveva abbandonato da quando aveva sentito il ghiaccio assottigliarsi sotto le zampe.**

Občutek ga ni zapustil, odkar je pod šapami začutil tanek led.

**Qualcosa di terribile lo stava aspettando: lo sentiva proprio lungo il sentiero.**

Nekaj groznega ga je čakalo – čutil je to tik ob poti.

**Non avrebbe camminato verso quella cosa terribile davanti a lui**

Ni nameraval hoditi proti tisti grozni stvari pred seboj.

**Non avrebbe obbedito a nessun ordine che lo avrebbe condotto a quella cosa.**

Ni nameraval ubogati nobenega ukaza, ki bi ga pripeljal do tiste stvari.

**Ormai il dolore dei colpi non lo sfiorava più: era troppo stanco.**

Bolečina udarcev ga zdaj komajda ni dotaknila – bil je predaleč.

**La scintilla della vita tremolava lentamente, affievolita da ogni colpo crudele.**

Iskra življenja je utripala nizko, zatemnjena pod vsakim krutim udarcem.

**Gli arti gli sembravano distanti; tutto il corpo sembrava appartenere a un altro.**

Njegovi udi so se zdeli oddaljeni; zdelo se je, kot da celo telo pripada nekomu drugemu.

**Sentì uno strano torpore mentre il dolore scompariva completamente.**

Občutil je nenavadno otrplost, ko je bolečina popolnoma izginila.

**Da lontano, sentiva che lo stavano picchiando, ma non se ne rendeva conto.**

Od daleč je čutil, da ga pretepajo, a se tega komaj zavedal.

**Poteva udire debolmente i tonfi, ma ormai non gli facevano più male.**

Rahlo je slišal udarce, vendar ga niso več zares boleli.

**I colpi andarono a segno, ma il suo corpo non sembrava più il suo.**

Udarci so sicer priletavali, a njegovo telo se ni več zdelo njegovo.

**Poi, all'improvviso, senza alcun preavviso, John Thornton lanciò un grido selvaggio.**

Nato je nenadoma, brez opozorila, John Thornton divje zavpil.

**Era inarticolato, più il grido di una bestia che di un uomo.**

Bil je neartikuliran, bolj krik zveri kot človeka.

**Si lanciò sull'uomo con la mazza e fece cadere Hal all'indietro.**

Skočil je na moškega s palico in Hala podrl nazaj.

**Hal volò come se fosse stato colpito da un albero, atterrando pesantemente al suolo.**

Hal je poletel, kot bi ga zadelo drevo, in trdo pristal na tleh.

**Mercedes urlò a gran voce in preda al panico e si portò le mani al viso.**

Mercedes je panično zakričala in se prijela za obraz.

**Charles si limitò a guardare, si asciugò gli occhi e rimase seduto.**

Karel je samo opazoval, si obrisal oči in ostal sedeti.

**Il suo corpo era troppo irrigidito dal dolore per alzarsi o contribuire alla lotta.**

Njegovo telo je bilo preveč otrdelo od bolečine, da bi vstal ali pomagal v boju.

**Thornton era in piedi davanti a Buck, tremante di rabbia, incapace di parlare.**

Thornton je stal nad Buckom, trepetal od besa in ni mogel govoriti.

**Tremava di rabbia e lottò per trovare la voce.**

Tresel se je od besa in se trudil najti svoj glas.

**"Se colpisci ancora quel cane, ti uccido", disse infine.**

„Če še enkrat udariš tega psa, te bom ubil,“ je končno rekel.

**Hal si asciugò il sangue dalla bocca e tornò avanti.**

Hal si je obrisal kri z ust in spet stopil naprej.

**"È il mio cane", borbottò. "Togliti di mezzo o ti sistemo io."**

„To je moj pes,“ je zamrmral. „Umakni se, sicer te bom popravil.“

**"Vado da Dawson e tu non mi fermerai", ha aggiunto.**

„Grem v Dawson in ti me ne boš ustavil,“ je dodal.

**Thornton si fermò tra Buck e il giovane arrabbiato.**

Thornton je trdno stal med Buckom in jeznim mladeničem.

**Non aveva alcuna intenzione di farsi da parte o di lasciar passare Hal.**

Ni imel namena stopiti na stran ali pustiti Hala mimo.

Hal tirò fuori il suo coltello da caccia, lungo e pericoloso nella sua mano.

Hal je izvlekel svoj lovski nož, dolg in nevaren v roki.

Mercedes urlò, poi pianse, poi rise in preda a un'isteria selvaggia.

Mercedes je kričala, nato jokala, nato pa se je divje histerično smejala.

Thornton colpì la mano di Hal con il manico dell'ascia, con forza e rapidità.

Thornton je močno in hitro udaril Hala po roki z ročajem sekire.

Il coltello si liberò dalla presa di Hal e volò a terra.

Nož je Halu izpadel iz rok in poletel na tla.

Hal cercò di raccogliere il coltello, ma Thornton gli batté di nuovo le nocche.

Hal je poskušal dvigniti nož, Thornton pa je spet potrkal s členki.

Poi Thornton si chinò, afferrò il coltello e lo tenne fermo.

Nato se je Thornton sklonil, zgrabil nož in ga držal.

Con due rapidi colpi del manico dell'ascia, tagliò le redini di Buck.

Z dvema hitrima zamahoma ročaja sekire je prerezal Buckove vajeti.

Hal non aveva più voglia di combattere e si allontanò dal cane.

Hal se ni več mogel boriti in se je umaknil od psa.

Inoltre, ora Mercedes aveva bisogno di entrambe le braccia per restare in piedi.

Poleg tega je Mercedes zdaj potrebovala obe roki, da je ostala pokonci.

Buck era troppo vicino alla morte per poter nuovamente tirare la slitta.

Buck je bil preblizu smrti, da bi lahko spet vlekel sani.

Pochi minuti dopo, ripartirono, dirigendosi verso il fiume.

Nekaj minut kasneje so se odpeljali in se odpravili po reki navzdol.

**Buck sollevò debolmente la testa e li guardò lasciare la banca.**

Buck je šibko dvignil glavo in jih opazoval, kako odhajajo iz banke.

**Pike guidava la squadra, con Solleks dietro al volante.**

Pike je vodil ekipo, Solleks pa je bil zadaj na mestu zadnjega kolesarja.

**Joe e Teek camminavano in mezzo, zoppicando entrambi per la stanchezza.**

Joe in Teek sta hodila med njimi, oba šepajoča od izčrpanosti.

**Mercedes si sedette sulla slitta e Hal afferrò la lunga pertica.**

Mercedes je sedela na saneh, Hal pa se je oklepal dolge palice.

**Charles barcollava dietro di lui, con passi goffi e incerti.**

Karel se je opotekal zadaj, njegovi koraki so bili nerodni in negotovi.

**Thornton si inginocchiò accanto a Buck e tastò delicatamente per vedere se aveva ossa rotte.**

Thornton je pokleknil poleg Bucka in nežno pretipal zlomljene kosti.

**Le sue mani erano ruvide, ma si muovevano con gentilezza e cura.**

Njegove roke so bile hrapave, a gibane s prijaznostjo in skrbnostjo.

**Il corpo di Buck era pieno di lividi, ma non presentava lesioni permanenti.**

Buckovo telo je bilo polno modric, vendar ni kazalo trajnih poškodb.

**Ciò che restava era una fame terribile e una debolezza quasi totale.**

Ostala je bila strašna lakota in skoraj popolna šibkost.

**Quando la situazione fu più chiara, la slitta era già andata molto a valle.**

Ko se je to razjasnilo, so sani že daleč odplule po reki.

**L'uomo e il cane osservavano la slitta avanzare lentamente sul ghiaccio che si rompeva.**

Mož in pes sta opazovala, kako se sani počasi plazijo po razpokanem ledu.

**Poi videro la slitta sprofondare in una cavità.**

Nato so videli, kako se sani pogrezajo v votlino.

**La pertica volò in alto, ma Hal vi si aggrappò ancora invano.**

Palica je poletela navzgor, Hal pa se je še vedno zaman oklepal.

**L'urlo di Mercedes li raggiunse attraverso la fredda distanza.**

Mercedesin krik jih je dosegel čez hladno razdaljo.

**Charles si voltò e fece un passo indietro, ma era troppo tardi.**

Charles se je obrnil in stopil korak nazaj – a je bilo prepozno.

**Un'intera calotta di ghiaccio cedette e tutti precipitarono.**

Cela ledena plošča se je umaknila in vsi so padli skozenj.

**Cani, slitte e persone scomparvero nelle acque nere sottostanti.**

Psi, sani in ljudje so izginili v črni vodi spodaj.

**Nel punto in cui erano passati era rimasto solo un largo buco nel ghiaccio.**

Kjer so šli mimo, je ostala le široka luknja v ledu.

**Il fondo del sentiero era crollato, proprio come aveva previsto Thornton.**

Dno poti se je udrlo – tako kot je opozoril Thornton.

**Thornton e Buck si guardarono l'un l'altro, in silenzio per un momento.**

Thornton in Buck sta se spogledala in za trenutek molčala.

**"Povero diavolo", disse Thornton dolcemente, e Buck gli leccò la mano.**

„Ubogi hudič," je tiho rekel Thornton in Buck mu je obliznil roko.

## Per amore di un uomo
Za ljubezen do moškega

**John Thornton si congelò i piedi per il freddo del dicembre precedente.**
Johnu Thorntonu so v mrazu prejšnjega decembra zmrznile noge.
**I suoi compagni lo fecero sentire a suo agio e lo lasciarono guarire da solo.**
Njegovi partnerji so mu poskrbeli za udobje in ga pustili, da si sam opomore.
**Risalirono il fiume per raccogliere una zattera di tronchi da sega per Dawson.**
Šli so po reki navzgor, da bi nabrali splav žagarskih hlodov za Dawsona.
**Zoppicava ancora leggermente quando salvò Buck dalla morte.**
Ko je rešil Bucka pred smrtjo, je še vedno rahlo šepal.
**Ma con il persistere del caldo, anche quella zoppia è scomparsa.**
Toda s toplim vremenom, ki se je nadaljevalo, je celo to šepanje izginilo.
**Sdraiato sulla riva del fiume durante le lunghe giornate primaverili, Buck si riposò.**
Buck je v dolgih pomladnih dneh ležal ob rečnem bregu in počival.
**Osservava l'acqua che scorreva e ascoltava gli uccelli e gli insetti.**
Opazoval je tekočo vodo in poslušal ptice in žuželke.
**Lentamente Buck riacquistò le forze sotto il sole e il cielo.**
Buck si je pod soncem in nebom počasi povrnil moč.
**Dopo aver viaggiato tremila miglia, riposarsi è stato meraviglioso.**
Počitek se je po prepotovanih petih tisoč kilometrih zdel čudovit.
**Buck diventò pigro man mano che le sue ferite guarivano e il suo corpo si riempiva.**

Buck je postal len, ko so se mu rane zacelile in se mu je telo napolnilo.

**I suoi muscoli si rassodarono e la carne tornò a ricoprire le sue ossa.**

Njegove mišice so se utrdile in meso je spet prekrilo njegove kosti.

**Stavano tutti riposando: Buck, Thornton, Skeet e Nig.**

Vsi so počivali – Buck, Thornton, Skeet in Nig.

**Aspettarono la zattera che li avrebbe portati a Dawson.**

Čakali so na splav, ki jih bo odpeljal v Dawson.

**Skeet era un piccolo setter irlandese che fece amicizia con Buck.**

Skeet je bil majhen irski seter, ki se je spoprijateljil z Buckom.

**Buck era troppo debole e malato per resisterle al loro primo incontro.**

Buck je bil prešibak in bolan, da bi se ji na prvem srečanju uprl.

**Skeet aveva la caratteristica di guaritore che alcuni cani possiedono per natura.**

Skeet je imel zdravilno lastnost, ki jo imajo nekateri psi naravno.

**Come una gatta, leccò e pulì le ferite aperte di Buck.**

Kot mama mačka je lizala in čistila Buckove surove rane.

**Ogni mattina, dopo colazione, ripeteva il suo attento lavoro.**

Vsako jutro po zajtrku je ponovila svoje skrbno delo.

**Buck finì per aspettarsi il suo aiuto tanto quanto quello di Thornton.**

Buck je pričakoval njeno pomoč prav toliko kot Thorntonovo.

**Anche Nig era amichevole, ma meno aperto e meno affettuoso.**

Tudi Nig je bil prijazen, vendar manj odprt in manj ljubeč.

**Nig era un grosso cane nero, in parte segugio e in parte levriero.**

Nig je bil velik črn pes, delno krvoslednik in delno jelenji hrt.

**Aveva occhi sorridenti e un'infinita bontà d'animo.**

Imel je smejoče se oči in neskončno dobro voljo v duši.

**Con sorpresa di Buck, nessuno dei due cani mostrò gelosia nei suoi confronti.**

Na Buckovo presenečenje nobeden od psov ni pokazal ljubosumja do njega.

**Sia Skeet che Nig condividevano la gentilezza di John Thornton.**

Tako Skeet kot Nig sta bila prijazna kot John Thornton.

**Man mano che Buck diventava più forte, lo attiravano in stupidi giochi da cani.**

Ko je Buck postajal močnejši, so ga zvabili v neumne pasje igre.

**Anche Thornton giocava spesso con loro, incapace di resistere alla loro gioia.**

Tudi Thornton se je pogosto igral z njimi, saj se ni mogel upreti njihovemu veselju.

**In questo modo giocoso, Buck passò dalla malattia a una nuova vita.**

Na ta igriv način se je Buck iz bolezni premaknil v novo življenje.

**L'amore, quello vero, ardente e passionale, era finalmente suo.**

Ljubezen – resnična, goreča in strastna ljubezen – je bila končno njegova.

**Non aveva mai conosciuto questo tipo di amore nella tenuta di Miller.**

Takšne ljubezni na Millerjevem posestvu še ni poznal.

**Con i figli del giudice aveva condiviso lavoro e avventure.**

S sodnikovimi sinovi si je delil delo in pustolovščine.

**Nei nipoti notò un orgoglio rigido e vanitoso.**

Pri vnukih je videl tog in bahav ponos.

**Con lo stesso giudice Miller aveva un rapporto di rispettosa amicizia.**

S sodnikom Millerjem je imel spoštljivo prijateljstvo.

**Ma l'amore che era fuoco, follia e adorazione era ciò che accadeva con Thornton.**

Toda ljubezen, ki je bila ogenj, norost in čaščenje, je prišla s Thorntonom.

**Quest'uomo aveva salvato la vita di Buck, e questo di per sé significava molto.**

Ta mož je rešil Bucku življenje in že samo to je veliko pomenilo.

**Ma più di questo, John Thornton era il tipo ideale di maestro.**

A še več kot to, John Thornton je bil idealen mojster.

**Altri uomini si prendevano cura dei cani per dovere o per necessità lavorative.**

Drugi moški so skrbeli za pse iz dolžnosti ali poslovne nujnosti.

**John Thornton si prendeva cura dei suoi cani come se fossero figli.**

John Thornton je skrbel za svoje pse, kot da bi bili njegovi otroci.

**Si prendeva cura di loro perché li amava e semplicemente non poteva farne a meno.**

Skrbelo ga je zanje, ker jih je imel rad in si preprosto ni mogel pomagati.

**John Thornton vide molto più lontano di quanto la maggior parte degli uomini riuscisse mai a vedere.**

John Thornton je videl še dlje, kot je večina moških kdajkoli uspela videti.

**Non dimenticava mai di salutarli gentilmente o di pronunciare una parola di incoraggiamento.**

Nikoli ni pozabil, da jih prijazno pozdravi ali jim spregovori kakšno spodbudno besedo.

**Amava sedersi con i cani per fare lunghe chiacchierate, o "gassy", come diceva lui.**

Rad je sedel s psi na dolge pogovore ali, kot je rekel, "napihnjen".

**Gli piaceva afferrare bruscamente la testa di Buck tra le sue mani forti.**

Rad je grobo zgrabil Buckovo glavo med svojimi močnimi rokami.

**Poi appoggiò la testa contro quella di Buck e lo scosse delicatamente.**

Nato je naslonil glavo na Buckovo in ga nežno stresel.

**Nel frattempo, chiamava Buck con nomi volgari che per lui significavano affetto.**

Ves čas je Bucka klical nesramne vzdevke, ki so Bucku pomenile ljubezen.

**Per Buck, quell'abbraccio rude e quelle parole portarono una gioia profonda.**

Bucku sta ta grob objem in te besede prinesla globoko veselje.

**A ogni movimento il suo cuore sembrava sussultare di felicità.**

Zdelo se je, kot da mu srce ob vsakem gibu zaigra od sreče.

**Quando poi balzò in piedi, la sua bocca sembrava ridere.**

Ko je zatem skočil pokonci, so se mu usta zdela, kot da se smejijo.

**I suoi occhi brillavano intensamente e la sua gola tremava per una gioia inespressa.**

Oči so mu žarele in grlo se mu je treslo od neizrečenega veselja.

**Il suo sorriso rimase immobile in quello stato di emozione e affetto ardente.**

Njegov nasmeh je obstal v tistem stanju čustev in žareče naklonjenosti.

**Allora Thornton esclamò pensieroso: "Dio! Riesce quasi a parlare!"**

Tedaj je Thornton zamišljeno vzkliknil: »Bog! Skoraj lahko govori!«

**Buck aveva uno strano modo di esprimere l'amore che quasi gli causava dolore.**

Buck je imel čuden način izražanja ljubezni, ki ga je skoraj bolel.

**Spesso stringeva forte la mano di Thornton tra i denti.**

Pogosto je Thorntonovo roko zelo močno stisnil z zobmi.

**Il morso avrebbe lasciato segni profondi che sarebbero rimasti per qualche tempo.**

Ugriz naj bi pustil globoke sledi, ki so ostale še nekaj časa zatem.

**Buck credeva che quei giuramenti fossero amore, e Thornton la pensava allo stesso modo.**

Buck je verjel, da so te prisege ljubezen, in Thornton je vedel enako.

**Il più delle volte, l'amore di Buck si manifestava in un'adorazione silenziosa, quasi silenziosa.**

Najpogosteje se je Buckova ljubezen kazala v tihem, skoraj neslišnem oboževanju.

**Sebbene fosse emozionato quando veniva toccato o gli si parlava, non cercava attenzione.**

Čeprav je bil navdušen, ko so se ga dotaknili ali se z njim pogovarjali, ni iskal pozornosti.

**Skeet spinse il naso sotto la mano di Thornton finché lui non la accarezzò.**

Skeet je dregnila smrček pod Thorntonovo roko, dokler je ni pobožal.

**Nig si avvicinò silenziosamente e appoggiò la sua grande testa sulle ginocchia di Thornton.**

Nig je tiho stopil bližje in naslonil svojo veliko glavo na Thorntonovo koleno.

**Buck, al contrario, si accontentava di amare da una rispettosa distanza.**

Buck pa je bil zadovoljen, da je ljubil s spoštljive razdalje.

**Rimase sdraiato per ore ai piedi di Thornton, vigile e attento.**

Ure in ure je ležal ob Thorntonovih nogah, pozoren in pozorno opazoval.

**Buck studiò ogni dettaglio del volto del suo padrone, perfino il più piccolo movimento.**

Buck je preučeval vsako podrobnost obraza svojega gospodarja in najmanjši gib.

**Oppure sdraiati più lontano, studiando in silenzio la sagoma dell'uomo.**

Ali pa je ležal dlje stran in v tišini preučeval moško postavo.

**Buck osservava ogni piccolo movimento, ogni cambiamento di postura o di gesto.**

Buck je opazoval vsako majhno gibanje, vsako spremembo drže ali geste.

**Questo legame era così potente che spesso catturava lo sguardo di Thornton.**

Ta povezava je bila tako močna, da je pogosto pritegnila Thorntonov pogled.

**Incontrò lo sguardo di Buck senza dire parole, e il suo amore traspariva chiaramente.**

Brez besed je srečal Buckov pogled, skozi katerega je jasno sijala ljubezen.

**Per molto tempo dopo essere stato salvato, Buck non perse mai di vista Thornton.**

Dolgo časa po tem, ko so ga rešili, Buck ni izpustil Thorntona izpred oči.

**Ogni volta che Thornton usciva dalla tenda, Buck lo seguiva da vicino all'esterno.**

Kadar koli je Thornton zapustil šotor, mu je Buck tesno sledil ven.

**Tutti i severi padroni delle Terre del Nord avevano fatto sì che Buck non riuscisse più a fidarsi.**

Vsi strogi gospodarji na Severu so Bucka prestrašili, da ne bi zaupal.

**Temeva che nessun uomo potesse restare suo padrone se non per un breve periodo.**

Bal se je, da nihče ne more ostati njegov gospodar dlje kot kratek čas.

**Temeva che John Thornton sarebbe scomparso come Perrault e François.**

Bal se je, da bo John Thornton izginil kot Perrault in François.

**Anche di notte, la paura di perderlo tormentava il sonno agitato di Buck.**

Celo ponoči je strah pred izgubo njega preganjal Bucka v nemirnem spanju.

**Quando Buck si svegliò, si trascinò fuori al freddo e andò nella tenda.**

Ko se je Buck zbudil, se je priplazil ven v mraz in odšel do šotora.

**Ascoltò attentamente il leggero suono del suo respiro interiore.**

Pozorno je prisluhnil, če bo zaslišal tiho dihanje v sebi.

**Nonostante il profondo amore di Buck per John Thornton, la natura selvaggia sopravvisse.**

Kljub Buckovi globoki ljubezni do Johna Thorntona je divjina ostala živa.

**Quell'istinto primitivo, risvegliatosi nel Nord, non scomparve.**

Ta primitivni nagon, prebujen na severu, ni izginil.

**L'amore portava devozione, lealtà e il caldo legame attorno al fuoco.**

Ljubezen je prinesla predanost, zvestobo in toplo vez ob ognju.

**Ma Buck mantenne anche i suoi istinti selvaggi, acuti e sempre all'erta.**

Toda Buck je ohranil tudi svoje divje nagone, ostre in vedno pozorne.

**Non era solo un animale domestico addomesticato proveniente dalle dolci terre della civiltà.**

Ni bil le udomačen hišni ljubljenček iz mehkih dežel civilizacije.

**Buck era un essere selvaggio che si era seduto accanto al fuoco di Thornton.**

Buck je bil divje bitje, ki je prišlo sedet k Thorntonovemu ognju.

**Sembrava un cane del Southland, ma in lui albergava la natura selvaggia.**

Izgledal je kot pes iz južne dežele, a v njem je živela divjost.

**Il suo amore per Thornton era troppo grande per permettersi un furto da parte di quell'uomo.**

Njegova ljubezen do Thorntona je bila prevelika, da bi mu dovolil krajo.

**Ma in qualsiasi altro campo ruberebbe con audacia e senza esitazione.**

Toda v katerem koli drugem taboru bi kradel pogumno in brez prestanka.

**Era così abile nel rubare che nessuno riusciva a catturarlo o accusarlo.**

Bil je tako spreten pri kraji, da ga nihče ni mogel ujeti ali obtožiti.

**Il suo viso e il suo corpo erano coperti di cicatrici dovute a molti combattimenti passati.**

Njegov obraz in telo sta bila prekrita z brazgotinami zaradi številnih preteklih bojev.

**Buck continuava a combattere con ferocia, ma ora lo faceva con maggiore astuzia.**

Buck se je še vedno srdito boril, a zdaj se je boril z večjo prebrisanostjo.

**Skeet e Nig erano troppo docili per combattere, ed erano di Thornton.**

Skeet in Nig sta bila preveč nežna za boj, pa še Thorntonova sta bila.

**Ma qualsiasi cane estraneo, non importa quanto forte o coraggioso, cedeva.**

Toda vsak čuden pes, ne glede na to, kako močan ali pogumen je popustil.

**Altrimenti, il cane si ritrovò a combattere contro Buck, lottando per la propria vita.**

Sicer se je pes znašel v boju z Buckom; boril se je za svoje življenje.

**Buck non ebbe pietà quando decise di combattere contro un altro cane.**

Buck ni imel usmiljenja, ko se je odločil za boj proti drugemu psu.

**Aveva imparato bene la legge del bastone e della zanna nel Nord.**

Dobro se je naučil zakona kija in zoba na Severu.

**Non ha mai rinunciato a un vantaggio e non si è mai tirato indietro dalla battaglia.**

Nikoli se ni odpovedal prednosti in se nikoli ni umaknil iz boja.

**Aveva studiato Spitz e i cani più feroci della polizia e della posta.**

Preučeval je Špice in najhujše poštne in policijske pse.

**Sapeva chiaramente che non esisteva via di mezzo in un combattimento selvaggio.**

Jasno je vedel, da v divjem boju ni srednje poti.

**Doveva governare o essere governato; mostrare misericordia significava mostrare debolezza.**

Moral je vladati ali pa biti podrejen; izkazovanje usmiljenja je pomenilo izkazovanje šibkosti.

**La pietà era sconosciuta nel mondo crudo e brutale della sopravvivenza.**

Usmiljenje je bilo v surovem in brutalnem svetu preživetja neznano.

**Mostrare pietà era visto come un atto di paura, e la paura conduceva rapidamente alla morte.**

Izkazovanje usmiljenja je bilo razumljeno kot strah, strah pa je hitro vodil v smrt.

**La vecchia legge era semplice: uccidere o essere uccisi, mangiare o essere mangiati.**

Stari zakon je bil preprost: ubij ali bodi ubit, jej ali bodi pojeden.

**Quella legge proveniva dalle profondità del tempo e Buck la seguì alla lettera.**

Ta zakon je prišel iz globin časa in Buck ga je dosledno upošteval.

**Buck era più vecchio dei suoi anni e del numero dei suoi respiri.**

Buck je bil starejši od svojih let in števila vdihov, ki jih je vdihnil.

**Collegava in modo chiaro il passato remoto con il momento presente.**

Jasno je povezal davno preteklost s sedanjim trenutkom.

**I ritmi profondi dei secoli si muovevano attraverso di lui come le maree.**

Globoki ritmi dob so se gibali skozenj kot plimovanje.

**Il tempo pulsava nel suo sangue con la stessa sicurezza con cui le stagioni muovevano la terra.**

Čas mu je v krvi utripoval tako zanesljivo, kot so letni časi premikali zemljo.

**Sedeva accanto al fuoco di Thornton, con il petto forte e le zanne bianche.**

Sedel je ob Thorntonovem ognju, močnih prsi in belih zob.

**La sua lunga pelliccia ondeggiava, ma dietro di lui lo osservavano gli spiriti dei cani selvatici.**

Njegov dolg kožuh se je valovil, a za njim so opazovali duhovi divjih psov.

**Lupi mezzi e lupi veri si agitavano nel suo cuore e nei suoi sensi.**

V njegovem srcu in čutilih so se prebudili polvolkovi in pravi volkovi.

**Assaggiarono la sua carne e bevvero la stessa acqua che bevve lui.**

Okusili so njegovo meso in pili isto vodo kot on.

**Annusarono il vento insieme a lui e ascoltarono la foresta.**

Ob njem so vohali veter in poslušali gozd.

**Sussurravano il significato dei suoni selvaggi nell'oscurità.**

V temi so si šepetali pomen divjih zvokov.

**Modellavano il suo umore e guidavano ciascuna delle sue reazioni silenziose.**

Oblikovali so njegova razpoloženja in usmerjali vsako od njegovih tihih reakcij.

**Giacevano accanto a lui mentre dormiva e diventavano parte dei suoi sogni profondi.**

Ležali so z njim, ko je spal, in postali del njegovih globokih sanj.

**Sognavano con lui, oltre lui, e costituivano il suo stesso spirito.**

Sanjali so z njim, onkraj njega, in sestavljali njegovo dušo.

**Gli spiriti della natura selvaggia chiamavano con tanta forza che Buck si sentì attratto.**

Divji duhovi so klicali tako močno, da se je Buck počutil privlečenega.

**Ogni giorno che passava, l'umanità e le sue rivendicazioni si indebolivano nel cuore di Buck.**

Vsak dan je človeštvo in njegove zahteve v Buckovem srcu postajalo vse šibkejše.

**Nel profondo della foresta si stava per udire un richiamo strano ed emozionante.**

Globoko v gozdu se je zaslišal čuden in vznemirljiv klic.

**Ogni volta che sentiva la chiamata, Buck provava un impulso a cui non riusciva a resistere.**

Vsakič, ko je zaslišal klic, je Buck začutil potrebo, ki se ji ni mogel upreti.

**Avrebbe voltato le spalle al fuoco e ai sentieri battuti dagli uomini.**

Obrnil se bo stran od ognja in s prehojenih človeških poti.

**Stava per addentrarsi nella foresta, avanzando senza sapere il perché.**

Nameraval se je pognati v gozd, naprej, ne da bi vedel, zakaj.

**Non mise in discussione questa attrazione, perché la chiamata era profonda e potente.**

Te privlačnosti ni podvomil, saj je bil klic globok in močan.

**Spesso raggiungeva l'ombra verde e la terra morbida e intatta**

Pogosto je dosegel zeleno senco in mehko nedotaknjeno zemljo

**Ma poi il forte amore per John Thornton lo riportò al fuoco.**

Potem pa ga je močna ljubezen do Johna Thorntona potegnila nazaj k ognju.

**Soltanto John Thornton riuscì davvero a tenere stretto il cuore selvaggio di Buck.**

Samo John Thornton je zares držal Buckovo divje srce v svojem objemu.

**Per Buck il resto dell'umanità non aveva alcun valore o significato duraturo.**

Preostanek človeštva za Bucka ni imel trajne vrednosti ali pomena.

**Gli sconosciuti potrebbero lodarlo o accarezzargli la pelliccia con mani amichevoli.**

Neznanci ga lahko pohvalijo ali pa mu s prijaznimi rokami pobožajo kožuh.

**Buck rimase impassibile e se ne andò per eccesso di affetto.**

Buck je ostal neganjen in je zaradi prevelike naklonjenosti odšel.

**Hans e Pete arrivarono con la zattera che era stata attesa a lungo**

Hans in Pete sta prispela s splavom, ki so ga dolgo čakali

**Buck li ignorò finché non venne a sapere che erano vicini a Thornton.**

Buck jih je ignoriral, dokler ni izvedel, da so blizu Thorntona.

**Da allora in poi li tollerò, ma non dimostrò mai loro tutto il suo calore.**

Po tem jih je sicer toleriral, a jim ni nikoli pokazal polne topline.

**Accettava da loro cibo o gentilezza come se volesse fare loro un favore.**

Jemal je hrano ali prijaznost od njih, kot da bi jim delal uslugo.

**Erano come Thornton: semplici, onesti e lucidi nei pensieri.**

Bili so kot Thornton – preprosti, iskreni in jasnih misli.

**Tutti insieme viaggiarono verso la segheria di Dawson e il grande vortice**

Vsi skupaj so odpotovali do Dawsonove žage in velikega vrtinca

**Nel corso del loro viaggio impararono a comprendere profondamente la natura di Buck.**

Na svoji poti so se naučili globoko razumeti Buckovo naravo.

**Non cercarono di avvicinarsi come avevano fatto Skeet e Nig.**

Nista se poskušala zbližati, kot sta se to storila Skeet in Nig.

**Ma l'amore di Buck per John Thornton non fece che aumentare con il tempo.**

Toda Buckova ljubezen do Johna Thorntona se je sčasoma le še poglobila.

**Solo Thornton poteva mettere uno zaino sulla schiena di Buck durante l'estate.**

Samo Thornton je lahko poleti Bucka obremenil.

**Buck era disposto a eseguire senza riserve qualsiasi ordine impartito da Thornton.**

Karkoli je Thornton ukazal, je bil Buck pripravljen v celoti storiti.

**Un giorno, dopo aver lasciato Dawson per le sorgenti del Tanana,**

Nekega dne, ko so zapustili Dawson in se odpravili proti izviru Tanane,

**il gruppo era seduto su una rupe che scendeva per un metro fino a raggiungere la nuda roccia.**

Skupina je sedela na pečini, ki se je spuščala meter globoko do gole skalne podlage.

**John Thornton si sedette vicino al bordo e Buck si riposò accanto a lui.**

John Thornton je sedel blizu roba, Buck pa je počival poleg njega.

**Thornton ebbe un'idea improvvisa e richiamò l'attenzione degli uomini.**

Thorntonu se je nenadoma posvetila misel in je pritegnil pozornost moških.

**Indicò l'altro lato del baratro e diede a Buck un unico comando.**

Pokazal je čez prepad in dal Bucku en sam ukaz.

**"Salta, Buck!" disse, allungando il braccio oltre il precipizio.**

„Skoči, Buck!" je rekel in zamahnil z roko čez prepad.

**Un attimo dopo dovette afferrare Buck, che stava saltando per obbedire.**

V trenutku je moral zgrabiti Bucka, ki je skočil, da bi ga ubogal.

**Hans e Pete si precipitarono in avanti e tirarono entrambi indietro per metterli in salvo.**

Hans in Pete sta stekla naprej in oba potegnila nazaj na varno.

**Dopo che tutto fu finito e che ebbero ripreso fiato, Pete prese la parola.**

Ko se je vse končalo in so si oddahnili, je spregovoril Pete.

**«È un amore straordinario», disse, scosso dalla feroce devozione del cane.**

„Ljubezen je nenavadna," je rekel, pretresen od pasje divje predanosti.

**Thornton scosse la testa e rispose con calma e serietà.**

Thornton je zmajal z glavo in odgovoril z mirno resnostjo.

**«No, l'amore è splendido», disse, «ma anche terribile».**

„Ne, ljubezen je čudovita," je rekel, „ampak tudi grozna."

**"A volte, devo ammetterlo, questo tipo di amore mi fa paura."**

"Včasih moram priznati, da me takšna ljubezen straši."

**Pete annuì e disse: "Mi dispiacerebbe tanto essere l'uomo che ti tocca".**

Pete je prikimal in rekel: »Ne bi se rad dotaknil tebe.«

**Mentre parlava, guardava Buck con aria seria e piena di rispetto.**

Medtem ko je govoril, je pogledal Bucka, resno in polno spoštovanja.

**"Py Jingo!" esclamò Hans in fretta. "Neanch'io, no signore."**

„Py Jingo!" je hitro rekel Hans. „Jaz tudi ne, gospod."


**Prima che finisse l'anno, i timori di Pete si avverarono a Circle City.**

Pred koncem leta so se Peteovi strahovi v Circle Cityju uresničili.

**Un uomo crudele di nome Black Burton attaccò una rissa nel bar.**

Krut moški po imenu Black Burton se je v baru sprl.

**Era arrabbiato e cattivo, e si scagliava contro un novellino.**

Bil je jezen in zloben, napadel je novega tekača.

**John Thornton intervenne, calmo e bonario come sempre.**

Vstopil je John Thornton, miren in dobrodušen kot vedno.

**Buck giaceva in un angolo, con la testa bassa, e osservava Thornton attentamente.**

Buck je ležal v kotu s sklonjeno glavo in pozorno opazoval Thorntona.

**Burton colpì all'improvviso e il suo pugno fece girare Thornton.**

Burton je nenadoma udaril, Thorntona pa je zavrtel.

**Solo la ringhiera della sbarra gli impedì di cadere violentemente a terra.**

Le ograja bara ga je obvarovala pred močnim padcem na tla.

**Gli osservatori hanno sentito un suono che non era un abbaio o un guaito**

Opazovalci so slišali zvok, ki ni bil lajanje ali cviljenje

**Buck emise un profondo ruggito mentre si lanciava verso l'uomo.**

Buck je zagrmel, ko se je pognal proti moškemu.

**Burton alzò il braccio e per poco non si salvò la vita.**

Burton je dvignil roko in si komaj rešil življenje.

**Buck si schiantò contro di lui, facendolo cadere a terra.**

Buck je trčil vanj in ga zbil na tla.

**Buck gli diede un morso profondo al braccio, poi si lanciò alla gola.**

Buck je globoko ugriznil v moškega v roko, nato pa se je pognal proti grlu.

**Burton riuscì a parare solo in parte e il suo collo fu squarciato.**

Burton je lahko le delno blokiral, vrat pa si je raztrgal.

**Gli uomini si precipitarono dentro, brandendo i manganelli e allontanarono Buck dall'uomo sanguinante.**

Moški so prihiteli noter z dvignjenimi palicami in odgnali Bucka stran od krvavečega moškega.

**Un chirurgo ha lavorato rapidamente per impedire che il sangue fuoriuscisse.**

Kirurg je hitro ukrepal, da bi ustavil iztekanje krvi.

**Buck camminava avanti e indietro ringhiando, tentando di attaccare ancora e ancora.**

Buck je hodil sem in tja in renčal ter poskušal znova in znova napasti.

**Soltanto i bastoni oscillanti gli impedirono di raggiungere Burton.**

Le s palicami ni mogel doseči Burtona.

**Proprio lì, sul posto, venne convocata una riunione dei minatori.**

Sklicali so rudarski zbor in ga odpeljali kar na kraju samem.

**Concordarono sul fatto che Buck era stato provocato e votarono per liberarlo.**

Strinjali so se, da je bil Buck izzvan, in glasovali za njegovo izpustitev.

**Ma il nome feroce di Buck risuonava ormai in ogni accampamento dell'Alaska.**

Toda Buckovo ostro ime je zdaj odmevalo v vsakem taborišču na Aljaski.

**Più tardi, quello stesso autunno, Buck salvò Thornton di nuovo in un modo nuovo.**

Kasneje iste jeseni je Buck na nov način znova rešil Thorntona.

**I tre uomini stavano guidando una lunga barca lungo delle rapide impetuose.**

Trije moški so vodili dolg čoln po razburkanih brzicah.

**Thornton manovrava la barca, gridando indicazioni per raggiungere la riva.**

Thornton je upravljal čoln in klical navodila za pot do obale.

**Hans e Pete correvano sulla terraferma, tenendo una corda da un albero all'altro.**

Hans in Pete sta tekla po kopnem in se držala za vrv, ki je visela od drevesa do drevesa.

**Buck procedeva a passo d'uomo sulla riva, tenendo sempre d'occhio il suo padrone.**

Buck je držal korak na bregu in ves čas opazoval svojega gospodarja.

**In un punto pericoloso, delle rocce sporgevano dall'acqua veloce.**

Na enem grdem mestu so izpod hitre vode štrlele skale.

**Hans lasciò andare la cima e Thornton tirò la barca verso la larghezza.**

Hans je spustil vrv in Thornton je čoln usmeril na široko.

**Hans corse a percorrerla di nuovo, superando le pericolose rocce.**

Hans je tekel, da bi spet ujel čoln mimo nevarnih skal.

**La barca superò la sporgenza ma trovò una corrente più forte.**

Čoln je prečkal rob, a je zadel močnejši del toka.

**Hans afferrò la cima troppo velocemente e fece perdere l'equilibrio alla barca.**

Hans je prehitro zgrabil vrv in čoln potegnil iz ravnotežja.

**La barca si capovolse e sbatté contro la riva, con la parte inferiore rivolta verso l'alto.**

Čoln se je prevrnil in z dnom navzgor trčil v breg.

**Thornton venne scaraventato fuori e trascinato nella parte più selvaggia dell'acqua.**

Thorntona je vrglo ven in ga je odneslo v najbolj divji del vode.

**Nessun nuotatore sarebbe sopravvissuto in quelle acque pericolose e pericolose.**

Noben plavalec ne bi mogel preživeti v teh smrtonosnih, hitrih vodah.

**Buck si lanciò all'istante e inseguì il suo padrone lungo il fiume.**

Buck je takoj skočil noter in zasledoval svojega gospodarja po reki.

**Dopo trecento metri finalmente raggiunse Thornton.**

Po tristo metrih je končno dosegel Thornton.

**Thornton afferrò la coda di Buck, e Buck si diresse verso la riva.**

Thornton je zgrabil Bucka za rep in Buck se je obrnil proti obali.

**Nuotò con tutte le sue forze, lottando contro la forte resistenza dell'acqua.**

Plaval je z vso močjo in se boril proti divjemu vlečenju vode.

**Si spostarono verso valle più velocemente di quanto riuscissero a raggiungere la riva.**

Hitreje so se premikali po toku, kot so lahko dosegli obalo.

**Più avanti, il fiume ruggiva più forte, precipitando in rapide mortali.**

Pred nami je reka glasneje bučala, ko se je zlivala v smrtonosne brzice.

**Le rocce fendevano l'acqua come i denti di un enorme pettine.**

Kamenje je rezalo vodo kot zobje ogromnega glavnika.

**La forza di attrazione dell'acqua nei pressi del dislivello era selvaggia e ineluttabile.**

Vlečenje vode blizu padca je bilo divje in neizogibno.

**Thornton sapeva che non sarebbero mai riusciti a raggiungere la riva in tempo.**

Thornton je vedel, da nikoli ne bodo mogli pravočasno prispeti na obalo.

**Raschiò una roccia, ne sbatté una seconda,**

Strgal je ob eno skalo, razbil ob drugo,

**Poi si schiantò contro una terza roccia, afferrandola con entrambe le mani.**

In potem je trčil v tretjo skalo in se je oklepal z obema rokama.

**Lasciò andare Buck e urlò sopra il ruggito: "Vai, Buck! Vai!"**

Izpustil je Bucka in zakričal čez rjovenje: "Naprej, Buck! Naprej!"

**Buck non riuscì a restare a galla e fu trascinato dalla corrente.**

Buck ni mogel ostati na površju in ga je odnesel tok.

**Lottò con tutte le sue forze, cercando di girarsi, ma non fece alcun progresso.**

Močno se je boril, se trudil obrniti, a ni dosegel nobenega napredka.

**Poi sentì Thornton ripetere il comando sopra il fragore del fiume.**

Nato je slišal Thorntona, ki je ponovil ukaz čez bučanje reke.

**Buck si impennò fuori dall'acqua e sollevò la testa come per dare un'ultima occhiata.**

Buck se je dvignil iz vode in dvignil glavo, kot da bi ga še zadnjič pogledal.

**poi si voltò e obbedì, nuotando verso la riva con risolutezza.**

nato se je obrnil in ubogal ter odločno plaval proti bregu.

**Pete e Hans lo tirarono a riva all'ultimo momento possibile.**

Pete in Hans sta ga v zadnjem možnem trenutku potegnila na obalo.

**Sapevano che Thornton avrebbe potuto aggrapparsi alla roccia solo per pochi minuti.**

Vedeli so, da se Thornton lahko oklepa skale le še nekaj minut.

**Corsero su per la riva fino a un punto molto più in alto rispetto al punto in cui lui era appeso.**

Stekli so po bregu do mesta daleč nad mestom, kjer je visel.

**Legarono con cura la cima della barca al collo e alle spalle di Buck.**

Vrv čolna so previdno privezali Bucku na vrat in ramena.

**La corda era stretta ma abbastanza larga da permettere di respirare e muoversi.**

Vrv je bila tesno pripeta, a dovolj ohlapna za dihanje in gibanje.

**Poi lo gettarono di nuovo nel fiume impetuoso e mortale.**

Nato so ga spet vrgli v deročo, smrtonosno reko.

**Buck nuotò coraggiosamente ma non riuscì a prendere l'angolazione giusta per affrontare la forza della corrente.**

Buck je pogumno plaval, a je zgrešil svoj kot v sili potoka.

**Si accorse troppo tardi che stava per superare Thornton.**

Prepozno je videl, da bo zdrsnil mimo Thorntona.

**Hans tirò forte la corda, come se Buck fosse una barca che si capovolge.**

Hans je sunkovito zategnil vrv, kot da bi bil Buck prevrnjen čoln.

**La corrente lo trascinò sott'acqua e lui scomparve sotto la superficie.**

Tok ga je potegnil pod površje in izginil je.

**Il suo corpo colpì la riva prima che Hans e Pete lo tirassero fuori.**

Njegovo truplo je udarilo v breg, preden sta ga Hans in Pete potegnila ven.

**Era mezzo annegato e gli tolsero l'acqua dal corpo.**

Bil je napol utopljen in iz njega so iztisnili vodo.

**Buck si alzò, barcollò e crollò di nuovo a terra.**

Buck je vstal, se opotekel in se spet zgrudil na tla.

**Poi udirono la voce di Thornton portata debolmente dal vento.**

Nato so zaslišali Thorntonov glas, ki ga je slabo nosil veter.

**Sebbene le parole non fossero chiare, sapevano che era vicino alla morte.**

Čeprav so bile besede nejasne, so vedeli, da je blizu smrti.

**Il suono della voce di Thornton colpì Buck come una scossa elettrica.**

Zvok Thorntonovega glasu je Bucka zadel kot električni sunek.

**Saltò in piedi e corse su per la riva, tornando al punto di partenza.**

Skočil je pokonci in stekel po bregu navzgor, nazaj do izhodišča.

**Legarono di nuovo la corda a Buck, e di nuovo lui entrò nel fiume.**

Spet so privezali vrv na Bucka in spet je vstopil v potok.

**Questa volta nuotò direttamente e con decisione nell'acqua impetuosa.**

Tokrat je plaval naravnost in odločno v deročo vodo.

**Hans lasciò scorrere la corda con regolarità, mentre Pete impediva che si aggrovigliasse.**

Hans je enakomerno spuščal vrv, medtem ko je Pete preprečeval, da bi se zapletla.

**Buck nuotò con forza finché non si trovò allineato appena sopra Thornton.**

Buck je močno plaval, dokler se ni poravnal tik nad Thorntonom.

**Poi si voltò e si lanciò verso di lui come un treno a tutta velocità.**

Nato se je obrnil in se pognal navzdol kot vlak s polno hitrostjo.

**Thornton lo vide arrivare, si preparò e gli abbracciò il collo.**

Thornton ga je videl prihajati, se pripravil in ga objel okoli vratu.

**Hans legò saldamente la corda attorno a un albero mentre entrambi venivano tirati sott'acqua.**

Hans je vrv trdno privezal okoli drevesa, ko sta oba potegnila pod sebe.

**Caddero sott'acqua, schiantandosi contro rocce e detriti del fiume.**

Padali so pod vodo in se zaletavali v skale in rečne naplavine.

**Un attimo prima Buck era in cima e un attimo dopo Thornton si alzava ansimando.**

V enem trenutku je bil Buck na vrhu, v naslednjem pa je Thornton vstal, sopejoč.

**Malconci e soffocati, si diressero verso la riva e si misero in salvo.**

Pretepeni in zadušeni so se obrnili proti bregu in na varno.

**Thornton riprese conoscenza mentre era sdraiato su un tronco alla deriva.**

Thornton se je zavedel, ko je ležal na naplavljenem hlodcu.

**Hans e Pete lavorarono duramente per riportarlo a respirare e a vivere.**

Hans in Pete sta trdo delala, da bi mu povrnila sapo in življenje.

**Il suo primo pensiero fu per Buck, che giaceva immobile e inerte.**

Njegova prva misel je bila na Bucka, ki je negibno in mlahavo ležal.

**Nig ululò sul corpo di Buck e Skeet gli leccò delicatamente il viso.**

Nig je zavil nad Buckovim telesom, Skeet pa mu je nežno polizal obraz.

**Thornton, dolorante e contuso, esaminò Buck con mano attenta.**

Thornton, boleč in podplut, je s skrbnimi rokami pregledal Bucka.

**Ha trovato tre costole rotte, ma il cane non presentava ferite mortali.**

Ugotovil je, da ima tri zlomljena rebra, vendar pri psu ni bilo smrtonosnih ran.

**"Questo è tutto", disse Thornton. "Ci accamperemo qui". E così fecero.**

„To je rešeno," je rekel Thornton. „Tukaj bomo taborili." In to so storili.

**Rimasero lì finché le costole di Buck non guarirono e lui poté di nuovo camminare.**

Ostali so, dokler se Bucku niso zacelila rebra in je spet lahko hodil.

**Quell'inverno Buck compì un'impresa che accrebbe ulteriormente la sua fama.**

Tisto zimo je Buck izvedel podvig, ki je še bolj povečal njegovo slavo.

**Fu un gesto meno eroico del salvataggio di Thornton, ma altrettanto impressionante.**

Bilo je manj junaško kot rešitev Thorntona, a prav tako impresivno.

**A Dawson, i soci avevano bisogno di provviste per un viaggio lontano.**

V Dawsonu so partnerji potrebovali zaloge za oddaljeno potovanje.

**Volevano viaggiare verso est, in terre selvagge e incontaminate.**

Želeli so potovati na vzhod, v nedotaknjena divja območja.

**Quel viaggio fu possibile grazie all'impresa compiuta da Buck nell'Eldorado Saloon.**

Buckovo dejanje v salonu Eldorado je omogočilo to potovanje.

**Tutto cominciò con degli uomini che si vantavano dei loro cani bevendo qualcosa.**

Začelo se je z moškimi, ki so se med pijačo hvalili s svojimi psi.

**La fama di Buck lo rese bersaglio di sfide e dubbi.**

Buckova slava ga je naredila tarčo izzivov in dvomov.

**Thornton, fiero e calmo, rimase fermo nel difendere il nome di Buck.**

Thornton, ponosen in miren, je neomajno branil Buckovo ime.

**Un uomo ha affermato che il suo cane riusciva a trainare facilmente duecentocinquanta chili.**

Neki moški je rekel, da njegov pes z lahkoto vleče dvesto kilogramov.

**Un altro disse seicento, e un terzo si vantò di settecento.**

Drug je rekel šeststo, tretji pa se je hvalil s sedemsto.

**"Pfft!" disse John Thornton, "Buck può trainare una slitta da mille libbre."**

„Pfft!" je rekel John Thornton, „Buck lahko vleče tisoč funtov težke sani."

**Matthewson, un Bonanza King, si sporse in avanti e lo sfidò.**

Matthewson, kralj Bonanze, se je nagnil naprej in ga izzval.

**"Pensi che possa spostare tutto quel peso?"**

"Misliš, da lahko premakne toliko teže?"

**"E pensi che riesca a sollevare il peso per cento metri?"**

"In misliš, da lahko potegne utež celih sto metrov?"

**Thornton rispose freddamente: "Sì. Buck è abbastanza cane da farlo."**

Thornton je hladnokrvno odgovoril: »Da. Buck je dovolj pes, da to stori.«

**"Metterà in moto mille libbre e la tirerà per cento metri."**

"Spravil bo v gibanje tisoč funtov in ga potegnil sto jardov."

**Matthewson sorrise lentamente e si assicurò che tutti gli uomini udissero le sue parole.**

Matthewson se je počasi nasmehnil in poskrbel, da so vsi moški slišali njegove besede.

**"Ho mille dollari che dicono che non può. Eccoli."**

"Imam tisoč dolarjev, ki pravijo, da ne more. Tukaj je."

**Sbatté sul bancone un sacco di polvere d'oro grande quanto una salsiccia.**

Na šank je treščil vrečko zlatega prahu, veliko kot klobasa.

**Nessuno disse una parola. Il silenzio si fece pesante e teso intorno a loro.**

Nihče ni rekel niti besede. Tišina okoli njih je postajala vse težja in napetejša.

**Il bluff di Thornton, se mai lo fu, era stato preso sul serio.**

Thorntonov blef – če je sploh blef – je bil vzet resno.

**Sentì il calore salirgli al viso mentre il sangue gli affluiva alle guance.**

Čutil je vročino, ki mu je naraščala v obraz, ko mu je kri pritekla v lica.

**In quel momento la sua lingua aveva preceduto la ragione.**

V tistem trenutku je njegov jezik prehitel razum.

**Non sapeva davvero se Buck sarebbe riuscito a spostare mille libbre.**

Resnično ni vedel, če Buck lahko premakne tisoč funtov.

**Mezza tonnellata! Solo la sua mole gli faceva sentire il cuore pesante.**

Pol tone! Že sama velikost mu je stisnilo srce.

**Aveva fiducia nella forza di Buck e lo riteneva capace.**

Verjel je v Buckovo moč in mislil, da je sposoben.

**Ma non aveva mai affrontato una sfida di questo tipo, non in questo modo.**

Vendar se še nikoli ni soočil s tovrstnim izzivom, ne s takim.

**Una dozzina di uomini lo osservavano in silenzio, in attesa di vedere cosa avrebbe fatto.**

Ducat mož ga je tiho opazovalo in čakalo, kaj bo storil.

**Lui non aveva i soldi, e nemmeno Hans e Pete.**

Ni imel denarja – niti Hans niti Pete.

**"Ho una slitta fuori", disse Matthewson in modo freddo e diretto.**

„Zunaj imam sani," je hladno in neposredno rekel Matthewson.

**"È carico di venti sacchi, da cinquanta libbre ciascuno, tutti di farina.**

„Naloženo je z dvajsetimi vrečami, vsaka po petdeset funtov, vse moke."

**Quindi non lasciare che la scomparsa della slitta diventi la tua scusa", ha aggiunto.**

"Zato naj vam manjkajoče sani zdaj ne bodo izgovor," je dodal.

**Thornton rimase in silenzio. Non sapeva che parole dire.**

Thornton je molčal. Ni vedel, katere besede naj ponudi.

**Guardò i volti intorno a sé senza vederli chiaramente.**

Ozrl se je po obrazih, ne da bi jih jasno videl.

**Sembrava un uomo immerso nei suoi pensieri, che cercava di ripartire.**

Videti je bil kot človek, zamrznjen v mislih, ki poskuša znova začeti.

**Poi incontrò Jim O'Brien, un amico dei tempi dei Mastodon.**

Potem je zagledal Jima O'Briena, prijatelja iz časov Mastodonta.

**Quel volto familiare gli diede un coraggio che non sapeva di avere.**

Ta znani obraz mu je vlil pogum, za katerega ni vedel, da ga ima.

**Si voltò e chiese a bassa voce: "Puoi prestarmi mille dollari?"**

Obrnil se je in tiho vprašal: »Mi lahko posodiš tisoč?«

**"Certo", disse O'Brien, lasciando cadere un pesante sacco vicino all'oro.**

„Seveda," je rekel O'Brien in že spustil težko vrečo poleg zlata.

**"Ma sinceramente, John, non credo che la bestia possa fare questo."**

"Ampak resnici na ljubo, John, ne verjamem, da zver to zmore."

**Tutti quelli presenti all'Eldorado Saloon si precipitarono fuori per assistere all'evento.**

Vsi v salonu Eldorado so stekli ven, da bi si ogledali dogodek.

**Lasciarono tavoli e bevande e perfino le partite furono sospese.**

Zapustili so mize in pijačo, celo igre so bile začasno ustavljene.

**Croupier e giocatori accorsero per assistere alla conclusione di questa audace scommessa.**

Krupjeji in igralci na srečo so prišli, da bi bili priča koncu drzne stave.

**Centinaia di persone si radunarono attorno alla slitta sulla strada ghiacciata.**

Na ledeni ulici se je okoli sani zbralo na stotine ljudi.

**La slitta di Matthewson era carica di un carico completo di sacchi di farina.**

Matthewsonove sani so stale polne vreč moke.

**La slitta era rimasta ferma per ore a temperature sotto lo zero.**

Sani so ure stale pri minus temperaturah.

**I pattini della slitta erano congelati e incollati alla neve compatta.**

Tekači sani so bili tesno primrznjeni v zbit sneg.

**Gli uomini scommettevano due a uno che Buck non sarebbe riuscito a spostare la slitta.**

Moški so stavili dve proti ena, da Buck ne bo mogel premakniti sani.

**Scoppiò una disputa su cosa significasse realmente "break out".**

Izbruhnil je spor o tem, kaj "izbruh" v resnici pomeni.

**O'Brien ha affermato che Thornton dovrebbe allentare la base ghiacciata della slitta.**

O'Brien je rekel, da bi moral Thornton zrahljati zamrznjeno podlago sani.

**Buck potrebbe quindi "rompere" una partenza solida e immobile.**

Buck se je nato lahko "izbil" iz trdnega, negibnega začetka.

**Matthewson sosteneva che anche il cane doveva liberare i corridori.**

Matthewson je trdil, da mora pes tudi osvoboditi tekače.

**Gli uomini che avevano sentito la scommessa concordavano con Matthewson.**

Možje, ki so slišali stavo, so se strinjali z Matthewsonovim stališčem.

**Con questa sentenza, le probabilità contro Buck salirono a tre a uno.**

S to odločitvijo so se kvote proti Bucku povečale na tri proti ena.

**Nessuno si fece avanti per accettare le crescenti quote di tre a uno.**

Nihče se ni odločil izkoristiti naraščajoče kvote tri proti ena.

**Nessuno credeva che Buck potesse compiere la grande impresa.**

Nihče ni verjel, da bi Buck lahko izvedel ta veliki podvig.

**Thornton era stato spinto a scommettere, pieno di dubbi.**

Thorntona so v stavo prisilili, polnega dvomov.

**Ora guardava la slitta e la muta di dieci cani accanto ad essa.**

Zdaj je pogledal sani in desetpse vprego poleg njih.

**Vedere la realtà del compito lo faceva sembrare ancora più impossibile.**

Ko sem videl realnost naloge, se je zdela še bolj nemogoča.

**In quel momento Matthewson era pieno di orgoglio e sicurezza.**

Matthewson je bil v tistem trenutku poln ponosa in samozavesti.

**"Tre a uno!" urlò. "Ne scommetto altri mille, Thornton!**

„Tri proti ena!" je zavpil. „Stavim še tisoč, Thornton!"

**"Cosa dici?" aggiunse, abbastanza forte da farsi sentire da tutti.**

„Kaj praviš?" je dodal dovolj glasno, da so ga vsi slišali.

**Il volto di Thornton esprimeva i suoi dubbi, ma il suo spirito era sollevato.**

Thorntonov obraz je kazal dvome, a njegov duh se je dvignil.

**Quello spirito combattivo ignorava le avversità e non temeva nulla.**

Ta borbeni duh je prezrl ovire in se ni bal ničesar.

**Chiamò Hans e Pete perché portassero tutti i loro soldi al tavolo.**

Poklical je Hansa in Peta, da prineseta ves svoj denar na mizo.

**Non gli era rimasto molto altro: solo duecento dollari in tutto.**

Ostalo jim je malo – skupaj le dvesto dolarjev.

**Questa piccola somma costituiva la loro intera fortuna nei momenti difficili.**

Ta majhna vsota je bila njihovo celotno bogastvo v težkih časih.

**Ciononostante puntarono tutta la loro fortuna contro la scommessa di Matthewson.**

Vseeno so stavili vse premoženje proti Matthewsonovi stavi.

**La muta composta da dieci cani venne sganciata e allontanata dalla slitta.**

Vprega desetih psov je bila odvezana in se odmaknila od sani.

**Buck venne messo alle redini, indossando la sua consueta imbracatura.**

Bucka so posadili na vajeti in ga oprli v svoj znani oprsnik.

**Aveva colto l'energia della folla e ne aveva percepito la tensione.**

Ujel je energijo množice in začutil napetost.

In qualche modo sapeva che doveva fare qualcosa per John Thornton.

Nekako je vedel, da mora nekaj storiti za Johna Thorntona.

La gente mormorava ammirata di fronte alla figura fiera del cane.

Ljudje so občudovali ponosno postavo psa in mrmrali z občudovanjem.

Era magro e forte, senza un solo grammo di carne in più.

Bil je suh in močan, brez enega samega odvečnega koščka mesa.

Il suo peso di centocinquanta chili era sinonimo di potenza e resistenza.

Njegova polna teža sto petdeset funtov je bila vsa moč in vzdržljivost.

Il mantello di Buck brillava come la seta, denso di salute e forza.

Buckov kožuh se je lesketal kot svila, poln zdravja in moči.

La pelliccia sul collo e sulle spalle sembrava sollevarsi e drizzarsi.

Dlaka vzdolž njegovega vratu in ramen se je zdela dvignjena in naježena.

La sua criniera si muoveva leggermente, ogni capello era animato dalla sua grande energia.

Njegova griva se je rahlo premaknila, vsak las je bil živahen od njegove velike energije.

Il suo petto ampio e le sue gambe forti si sposavano bene con la sua corporatura pesante e robusta.

Njegova široka prsa in močne noge so se ujemale z njegovo težko, žilavo postavo.

I muscoli si tesero sotto il cappotto, tesi e sodi come ferro legato.

Mišice so se mu pod plaščem valovile, napete in čvrste kot okovano železo.

Gli uomini lo toccavano e giuravano che era fatto come una macchina d'acciaio.

Moški so se ga dotikali in prisegali, da je bil grajen kot jeklen stroj.

**Le probabilità contro il grande cane sono scese leggermente a due a uno.**

Kvota se je nekoliko znižala na dva proti ena proti velikemu psu.

**Un uomo dei banchi di Skookum si fece avanti balbettando.**

Moški s klopi Skookum se je jecljajoč prerival naprej.

**"Bene, signore! Offro ottocento per lui... prima della prova, signore!"**

„Dobro, gospod! Ponujam osemsto zanj – pred preizkusom, gospod!"

**"Ottocento, così com'è adesso!" insistette l'uomo.**

„Osemsto, kot je zdaj!" je vztrajal moški.

**Thornton fece un passo avanti, sorrise e scosse la testa con calma.**

Thornton je stopil naprej, se nasmehnil in mirno zmajal z glavo.

**Matthewson intervenne rapidamente con tono ammonitore e aggrottando la fronte.**

Matthewson je hitro vstopil z opozorilnim glasom in se namrščil.

**"Devi allontanarti da lui", disse. "Dagli spazio."**

„Moraš se od njega umakniti," je rekel. „Daj mu prostor."

**La folla tacque; solo i giocatori continuavano a offrire due a uno.**

Množica je utihnila; le še igralci na srečo so ponujali stave dva proti ena.

**Tutti ammiravano la corporatura di Buck, ma il carico sembrava troppo pesante.**

Vsi so občudovali Buckovo postavo, toda tovor je bil videti prevelik.

**Venti sacchi di farina, ciascuno del peso di cinquanta libbre, sembravano decisamente troppi.**

Dvajset vreč moke – vsaka tehtala je petdeset funtov – se je zdelo preveč.

**Nessuno era disposto ad aprire la borsa e a rischiare i propri soldi.**

Nihče ni bil pripravljen odpreti torbice in tvegati svojega denarja.

**Thornton si inginocchiò accanto a Buck e gli prese la testa tra entrambe le mani.**

Thornton je pokleknil poleg Bucka in mu z rokami prijel glavo.

**Premette la guancia contro quella di Buck e gli parlò all'orecchio.**

Pritisnil je lice k Buckovemu in mu govoril na uho.

**Non c'erano più né scossoni giocosi né insulti affettuosi sussurrati.**

Zdaj ni bilo več igrivega stresanja ali šepetanja ljubečih žaljivk.

**Mormorò solo dolcemente: "Quanto mi ami, Buck."**

Le tiho je zamrmral: »Čeprav me ljubiš, Buck.«

**Buck emise un gemito sommesso, trattenendo a stento la sua impazienza.**

Buck je tiho zacvilil, komaj zadrževal svojo vnemo.

**Gli astanti osservavano con curiosità la tensione che aleggiava nell'aria.**

Opazovalci so z radovednostjo opazovali, kako je v zraku naraščala napetost.

**Quel momento sembrava quasi irreale, qualcosa che trascendeva la ragione.**

Trenutek se je zdel skoraj neresničen, kot nekaj onkraj razuma.

**Quando Thornton si alzò, Buck gli prese delicatamente la mano tra le fauci.**

Ko je Thornton vstal, ga je Buck nežno prijel za roko.

**Premette con i denti, poi lasciò andare lentamente e delicatamente.**

Pritisnil je z zobmi, nato pa počasi in nežno spustil.

**Fu una risposta silenziosa d'amore, non detta, ma compresa.**

Bil je tihi odgovor ljubezni, ne izrečen, ampak razumljen.

**Thornton si allontanò di molto dal cane e diede il segnale.**

Thornton se je precej oddaljil od psa in dal znak.

**"Ora, Buck", disse, e Buck rispose con calma concentrata.**

„No, Buck," je rekel, Buck pa je odgovoril z osredotočenim mirom.

**Buck tese le corde, poi le allentò di qualche centimetro.**

Buck je zategnil sledi, nato pa jih je za nekaj centimetrov zrahljal.

**Questo era il metodo che aveva imparato; il suo modo per rompere la slitta.**

To je bila metoda, ki se je je naučil; njegov način, kako uničiti sani.

**"Caspita!" urlò Thornton, con voce acuta nel silenzio pesante.**

„Joj!" je zavpil Thornton z ostrim glasom v težki tišini.

**Buck si girò verso destra e si lanciò con tutto il suo peso.**

Buck se je obrnil v desno in se z vso težo pognal naprej.

**Il gioco svanì e tutta la massa di Buck colpì le timonerie strette.**

Ohlapnost je izginila in Buckova vsa masa je zadela tesne proge.

**La slitta tremò e i pattini produssero un suono secco e scoppiettante.**

Sani so se tresle, tekači pa so izdali hrustljav pokajoč zvok.

**"Haw!" ordinò Thornton, cambiando di nuovo direzione a Buck.**

„Hau!" je ukazal Thornton in spet spremenil Buckovo smer.

**Buck ripeté la mossa, questa volta tirando bruscamente verso sinistra.**

Buck je ponovil gib, tokrat ostro potegnil v levo.

**La slitta scricchiolava più forte, i pattini schioccavano e si spostavano.**

Sani so pokale glasneje, tekači so škripali in se premikali.

**Il pesante carico scivolò leggermente di lato sulla neve ghiacciata.**

Težak tovor je rahlo drsel postrani po zmrznjenem snegu.

**La slitta si era liberata dalla presa del sentiero ghiacciato!**

Sani so se osvobodile iz primeža ledene poti!

**Gli uomini trattennero il respiro, inconsapevoli di non stare nemmeno respirando.**

Moški so zadrževali dih, ne da bi se zavedali, da sploh ne dihajo.

"Ora, TIRA!" gridò Thornton nel silenzio glaciale.

„Zdaj pa POVLECI!" je zavpil Thornton čez ledeno tišino.

Il comando di Thornton risuonò netto, come lo schiocco di una frusta.

Thorntonov ukaz je odmeval ostro, kot bič.

Buck si lanciò in avanti con un affondo violento e violento.

Buck se je z divjim in sunkovitim skokom pognal naprej.

Tutto il suo corpo si irrigidì e si contrasse sotto l'enorme sforzo.

Celotno telo se mu je napelo in stisnilo pri močni obremenitvi.

I muscoli si muovevano sotto la pelliccia come serpenti che prendevano vita.

Mišice so se mu pod kožuhom valovile kot kače, ki oživljajo.

Il suo grande petto era basso e la testa era protesa in avanti verso la slitta.

Njegove široke prsi so bile nizke, glava pa iztegnjena naprej proti sanem.

Le sue zampe si muovevano come fulmini e gli artigli fendevano il terreno ghiacciato.

Njegove šape so se premikale kot blisk, kremplji pa so rezali po zmrznjeni tleh.

I solchi erano profondi mentre lottava per ogni centimetro di trazione.

Utori so bili globoko zarezani, ko se je boril za vsak centimeter oprijema.

La slitta ondeggiò, tremò e cominciò a muoversi lentamente e in modo inquieto.

Sani so se zibale, tresle in začele počasi, nemirno gibati.

Un piede scivolò e un uomo tra la folla gemette ad alta voce.

Ena noga mu je zdrsnila in moški v množici je glasno zastokal.

Poi la slitta si lanciò in avanti con un movimento brusco e a scatti.

Nato so se sani sunkovito, grobo pognale naprej.

Non si fermò più: mezzo pollice...un pollice...cinque pollici in più.

Ni se spet ustavilo – pol palca ... centimeter ... dva palca več.

**Gli scossoni si fecero più lievi man mano che la slitta cominciava ad acquistare velocità.**

Sunki so postajali vse manjši, ko so sani začele pridobivati hitrost.

**Presto Buck cominciò a tirare con una potenza fluida e uniforme.**

Kmalu je Buck vlekel z gladko, enakomerno, kotalno močjo.

**Gli uomini sussultarono e finalmente si ricordarono di respirare di nuovo.**

Moški so zavzdihnili in se končno spomnili, da morajo spet dihati.

**Non si erano accorti che il loro respiro si era fermato per lo stupore.**

Niso opazili, da jim je od strahospoštovanja zastal dih.

**Thornton gli corse dietro, gridando comandi brevi e allegri.**

Thornton je tekel za njim in vzklikal kratke, vesele ukaze.

**Davanti a noi c'era una catasta di legna da ardere che segnava la distanza.**

Pred nami je bil kup drv, ki je označeval razdaljo.

**Mentre Buck si avvicinava al mucchio, gli applausi diventavano sempre più forti.**

Ko se je Buck bližal kupu, je vzklikanje postajalo vse glasnejše.

**Gli applausi crebbero fino a diventare un boato quando Buck superò il traguardo.**

Navijanje se je stopnjevalo v rjovenje, ko je Buck prečkal končno točko.

**Gli uomini saltarono e gridarono, perfino Matthewson sorrise.**

Moški so skakali in kričali, celo Matthewson se je nasmehnil.

**I cappelli volavano in aria e i guanti venivano lanciati senza pensarci o mirare.**

Klobuki so leteli v zrak, palčniki so bili metani brez premisleka in cilja.

**Gli uomini si afferrarono e si strinsero la mano senza sapere chi.**

Moški so se prijeli in se rokovali, ne da bi vedeli, kdo.

**Tutta la folla era in delirio, in un tripudio di gioia e di entusiasmo.**

Vsa množica je brenčala v divjem, veselem praznovanju.

**Thornton cadde in ginocchio accanto a Buck con le mani tremanti.**

Thornton je s tresočimi rokami padel na kolena poleg Bucka.

**Premette la testa contro quella di Buck e lo scosse delicatamente avanti e indietro.**

Pritisnil je glavo k Buckovi in ga nežno stresal sem ter tja.

**Chi si avvicinava lo sentiva maledire il cane con amore silenzioso.**

Tisti, ki so se približali, so ga slišali, kako je s tiho ljubeznijo preklinjal psa.

**Imprecò a lungo contro Buck, con dolcezza, calore, emozione.**

Dolgo je preklinjal Bucka – tiho, toplo, ganjeno.

**"Bene, signore! Bene, signore!" esclamò di corsa il re della panchina di Skookum.**

„Dobro, gospod! Dobro, gospod!" je naglo zavpil kralj skookumske klopi.

**"Le darò mille, anzi milleduecento, per quel cane, signore!"**

„Dal vam bom tisoč – ne, dvesto dvesto – za tega psa, gospod!"

**Thornton si alzò lentamente in piedi, con gli occhi brillanti di emozione.**

Thornton se je počasi dvignil na noge, oči so mu žarele od čustev.

**Le lacrime gli rigavano le guance senza alcuna vergogna.**

Solze so mu odkrito tekle po licih brez kakršnega koli sramu.

**"Signore", disse al re della panchina di Skookum, con fermezza e fermezza**

„Gospod," je rekel kralju klopi Skookum, mirno in odločno

**"No, signore. Può andare all'inferno, signore. Questa è la mia risposta definitiva."**

"Ne, gospod. Lahko greste k vragu, gospod. To je moj končni odgovor."

**Buck afferrò delicatamente la mano di Thornton tra le sue forti mascelle.**

Buck je nežno zgrabil Thorntonovo roko s svojimi močnimi čeljustmi.

**Thornton lo scosse scherzosamente; il loro legame era più profondo che mai.**

Thornton ga je igrivo stresel, njuna vez je bila globoka kot vedno.

**La folla, commossa dal momento, fece un passo indietro in silenzio.**

Množica, ganjena nad trenutkom, se je v tišini umaknila.

**Da quel momento in poi nessuno osò più interrompere un affetto così sacro.**

Od takrat naprej si nihče ni upal prekiniti te svete naklonjenosti.

## Il suono della chiamata
Zvok klica

**Buck aveva guadagnato milleseicento dollari in cinque minuti.**
Buck je v petih minutah zaslužil tisoč tisoč dolarjev.
**Il denaro permise a John Thornton di saldare alcuni dei suoi debiti.**
Denar je Johnu Thorntonu omogočil, da je odplačal nekaj svojih dolgov.
**Con il resto del denaro si diresse verso est insieme ai suoi soci.**
Z ostalim denarjem se je s partnerji odpravil na vzhod.
**Cercarono una leggendaria miniera perduta, antica quanto il paese stesso.**
Iskali so legendarni izgubljeni rudnik, star kot sama država.
**Molti uomini avevano cercato la miniera, ma pochi l'avevano trovata.**
Mnogi moški so iskali rudnik, a le redki so ga kdaj našli.
**Molti uomini erano scomparsi durante la pericolosa ricerca.**
Med nevarnim iskanjem je izginilo več kot nekaj mož.
**Questa miniera perduta era avvolta nel mistero e nella vecchia tragedia.**
Ta izgubljeni rudnik je bil zavit v skrivnost in staro tragedijo.
**Nessuno sapeva chi fosse stato il primo uomo a scoprire la miniera.**
Nihče ni vedel, kdo je bil prvi, ki je odkril rudnik.
**Le storie più antiche non menzionano nessuno per nome.**
Najstarejše zgodbe ne omenjajo nikogar po imenu.
**Lì c'era sempre stata una vecchia capanna fatiscente.**
Tam je vedno stala stara, razpadajoča koča.
**I moribondi avevano giurato che vicino a quella vecchia capanna ci fosse una miniera.**
Umirajoči moški so prisegli, da je poleg tiste stare koče rudnik.
**Hanno dimostrato le loro storie con un oro che non ha eguali altrove.**

Svoje zgodbe so dokazali z zlatom, kakršnega ni mogoče najti nikjer drugje.

**Nessuna anima viva aveva mai saccheggiato il tesoro da quel luogo.**

Še nikoli ni živa duša izplenila zaklada s tistega kraja.

**I morti erano morti e i morti non raccontano storie.**

Mrtvi so bili mrtvi, mrtveci pa ne pripovedujejo zgodb.

**Così Thornton e i suoi amici si diressero verso Est.**

Tako so se Thornton in njegovi prijatelji odpravili na Vzhod.

**Si unirono a noi Pete e Hans, portando con sé Buck e sei cani robusti.**

Pete in Hans sta se pridružila in pripeljala Bucka ter šest močnih psov.

**Si avviarono lungo un sentiero sconosciuto dove altri avevano fallito.**

Odpravili so se po neznani poti, kjer so drugi spodleteli.

**Percorsero in slitta settanta miglia lungo il fiume Yukon ghiacciato.**

S sankami so se peljali sedemdeset milj po zamrznjeni reki Yukon navzgor.

**Girarono a sinistra e seguirono il sentiero verso lo Stewart.**

Zavili so levo in sledili poti v reko Stewart.

**Superarono il Mayo e il McQuestion e proseguirono oltre.**

Peljali so se mimo Mayoja in McQuestiona ter nadaljevali pot.

**Lo Stewart si restringeva fino a diventare un ruscello, infilandosi tra cime frastagliate.**

Stewart se je skrčil v potok, ki se je vijugal čez nazobčane vrhove.

**Queste vette aguzze rappresentavano la spina dorsale del continente.**

Ti ostri vrhovi so označevali hrbtenico celine.

**John Thornton pretendeva poco dagli uomini e dalla terra selvaggia.**

John Thornton je od ljudi ali divjine zahteval malo.

**Non temeva nulla della natura e affrontava la natura selvaggia con disinvoltura.**

V naravi se ni bal ničesar in se je z divjino soočal z lahkoto.

**Con solo del sale e un fucile poteva viaggiare dove voleva.**

Samo s soljo in puško je lahko potoval, kamor je želel.

**Come gli indigeni, durante il viaggio cacciava per procurarsi il cibo.**

Tako kot domorodci je med potovanjem lovil hrano.

**Se non prendeva nulla, continuava ad andare avanti, confidando nella fortuna che lo attendeva.**

Če ni ničesar ujel, je nadaljeval pot in zaupal v srečo.

**Durante questo lungo viaggio, la carne era l'alimento principale di cui si nutrivano.**

Na tej dolgi poti je bilo meso glavna stvar, ki so jo jedli.

**La slitta trasportava attrezzi e munizioni, ma non c'era un orario preciso.**

Sani so imele orodje in strelivo, vendar ni bilo strogega urnika.

**Buck amava questo vagabondare, la caccia e la pesca senza fine.**

Buck je oboževal to potepanje; neskončen lov in ribolov.

**Per settimane viaggiarono senza sosta, giorno dopo giorno.**

Tedne za tednom so potovali, dan za dnem.

**Altre volte si accampavano e restavano fermi per settimane.**

Drugič so si postavili tabore in ostali pri miru več tednov.

**I cani riposarono mentre gli uomini scavavano nel terreno ghiacciato.**

Psi so počivali, medtem ko so moški kopali po zmrznjeni zemlji.

**Scaldavano le padelle sul fuoco e cercavano l'oro nascosto.**

Greli so ponve na ognju in iskali skrito zlato.

**C'erano giorni in cui pativano la fame, altri in cui banchettavano.**

Nekatere dni so stradali, druge dni pa so imeli pojedine.

**Il loro pasto dipendeva dalla selvaggina e dalla fortuna della caccia.**

Njihovi obroki so bili odvisni od divjadi in sreče pri lovu.

**Con l'arrivo dell'estate, uomini e cani caricavano carichi sulle spalle.**

Ko je prišlo poletje, so moški in psi naložili tovor na hrbte.

**Fecero rafting sui laghi azzurri nascosti nelle foreste di montagna.**
Splavali so po modrih jezerih, skritih v gorskih gozdovih.
**Navigavano su imbarcazioni sottili su fiumi che nessun uomo aveva mai mappato.**
Pluli so z ozkimi čolni po rekah, ki jih še nihče ni preslikal.
**Quelle barche venivano costruite con gli alberi che avevano segato in natura.**
Te čolne so zgradili iz dreves, ki so jih žagali v divjini.

**Passarono i mesi e loro viaggiarono attraverso terre selvagge e sconosciute.**
Meseci so minevali in vijugali so se skozi divje neznane dežele.
**Non c'erano uomini lì, ma vecchie tracce lasciavano intendere che alcuni di loro fossero presenti.**
Tam ni bilo moških, vendar so stare sledi namigovale, da so moški bili.
**Se la Capanna Perduta fosse esistita davvero, allora altre persone in passato erano passate da lì.**
Če je Izgubljena koča resnična, so nekoč tukaj prišli tudi drugi.
**Attraversavano passi alti durante le bufere di neve, anche d'estate.**
Visoke prelaze so prečkali v snežnih metežih, celo poleti.
**Rabbrividivano sotto il sole di mezzanotte sui pendii brulli delle montagne.**
Tresli so se pod polnočnim soncem na golih gorskih pobočjih.
**Tra il limite degli alberi e i campi di neve, salivano lentamente.**
Med gozdno mejo in snežnimi polji so se počasi vzpenjali.
**Nelle valli calde, scacciavano nuvole di moscerini e mosche.**
V toplih dolinah so odganjali oblake komarjev in muh.
**Raccolsero bacche dolci vicino ai ghiacciai nel pieno della fioritura estiva.**
V bližini ledenikov, ki so bili v polnem poletnem razcvetu, so nabirali sladke jagode.
**I fiori che trovarono erano belli quanto quelli del Southland.**
Rože, ki so jih našli, so bile tako lepe kot tiste v Južni deželi.

**Quell'autunno giunsero in una regione solitaria piena di laghi silenziosi.**

Tisto jesen so dosegli samotno območje, polno tihih jezer.

**La terra era triste e vuota, un tempo brulicava di uccelli e animali.**

Dežela je bila žalostna in prazna, nekoč polna ptic in zveri.

**Ora non c'era più vita, solo il vento e il ghiaccio che si formava nelle pozze.**

Zdaj ni bilo življenja, le veter in led, ki se je tvoril v tolmunih.

**Le onde lambivano le rive deserte con un suono dolce e lugubre.**

Valovi so z mehkim, žalostnim zvokom pljuskali ob prazne obale.


**Arrivò un altro inverno e loro seguirono di nuovo deboli e vecchi sentieri.**

Prišla je še ena zima in spet so sledili šibkim, starim potem.

**Erano le tracce di uomini che avevano cercato molto prima di loro.**

To so bile poti mož, ki so iskali že dolgo pred njimi.

**Una volta trovarono un sentiero che si inoltrava nel profondo della foresta oscura.**

Nekoč so našli pot, ki je vrezana globoko v temen gozd.

**Era un vecchio sentiero e sentivano che la baita perduta era vicina.**

Bila je stara pot in menili so, da je izgubljena koča blizu.

**Ma il sentiero non portava da nessuna parte e si perdeva nel fitto del bosco.**

Toda pot ni vodila nikamor in se je izgubljala v gostem gozdu.

**Nessuno sapeva chi avesse tracciato il sentiero e perché lo avesse fatto.**

Kdorkoli je naredil pot in zakaj jo je naredil, nihče ni vedel.

**Più tardi trovarono i resti di una capanna nascosta tra gli alberi.**

Kasneje so med drevesi našli razbitine koče.

**Coperte marce erano sparse dove un tempo qualcuno aveva dormito.**

Gnijoče odeje so ležale raztresene tam, kjer je nekoč nekdo spal.

**John Thornton trovò sepolto all'interno un fucile a pietra focaia a canna lunga.**

John Thornton je v notranjosti našel zakopano dolgocevno kremenčno puško.

**Sapeva fin dai primi tempi che si trattava di un cannone della Hudson Bay.**

Vedel je, da je to top iz Hudsonovega zaliva, še iz zgodnjih trgovskih dni.

**A quei tempi, tali armi venivano barattate con pile di pelli di castoro.**

V tistih časih so takšne puške menjali za kupe bobrovih kož.

**Questo era tutto: non rimaneva alcuna traccia dell'uomo che aveva costruito la loggia.**

To je bilo vse – o človeku, ki je zgradil kočo, ni ostalo nobenega namiga.


**Arrivò di nuovo la primavera e non trovarono traccia della Capanna Perduta.**

Pomlad je spet prišla in Izgubljene koče niso našli nobenega sledu.

**Invece trovarono un'ampia valle con un ruscello poco profondo.**

Namesto tega so našli široko dolino s plitvim potokom.

**L'oro si stendeva sul fondo della pentola come burro giallo e liscio.**

Zlato je ležalo na dnu ponve kot gladko, rumeno maslo.

**Si fermarono lì e non cercarono oltre la cabina.**

Tam so se ustavili in niso več iskali koče.

**Ogni giorno lavoravano e ne trovavano migliaia di pezzi in polvere d'oro.**

Vsak dan so delali in v zlatem prahu našli na tisoče.

**Confezionarono l'oro in sacchi di pelle di alce, da cinquanta libbre ciascuno.**

Zlato so pakirali v vreče iz losove kože, vsako po petdeset funtov.

**I sacchi erano accatastati come legna da ardere fuori dal loro piccolo rifugio.**
Vreče so bile zložene kot drva pred njihovo majhno kočo.
**Lavoravano come giganti e i giorni trascorrevano veloci come sogni.**
Delali so kot velikani in dnevi so minevali kot hitre sanje.
**Accumularono tesori mentre gli infiniti giorni trascorrevano rapidamente.**
Kopičili so zaklad, medtem ko so neskončni dnevi hitro minevali.
**I cani avevano ben poco da fare, se non trasportare la carne di tanto in tanto.**
Psi niso imeli kaj dosti početi, razen da so občasno nosili meso.
**Thornton cacciò e uccise la selvaggina, mentre Buck si sdraiò accanto al fuoco.**
Thornton je lovil in ubijal divjad, Buck pa je ležal ob ognju.
**Trascorse lunghe ore in silenzio, perso nei pensieri e nei ricordi.**
Dolge ure je preživel v tišini, izgubljen v mislih in spominih.
**L'immagine dell'uomo peloso tornava sempre più spesso alla mente di Buck.**
Podoba kosmatega moža se je Bucku vedno pogosteje porajala v mislih.
**Ora che il lavoro scarseggiava, Buck sognava mentre sbatteva le palpebre verso il fuoco.**
Zdaj, ko je bilo dela malo, je Buck sanjaril, medtem ko je mežikal proti ognju.
**In quei sogni, Buck vagava con l'uomo in un altro mondo.**
V teh sanjah je Buck taval z moškim v drugem svetu.
**La paura sembrava il sentimento più forte in quel mondo lontano.**
Strah se je zdel najmočnejši občutek v tistem oddaljenem svetu.
**Buck vide l'uomo peloso dormire con la testa bassa.**
Buck je videl kosmatega moža, kako spi z nizko sklonjeno glavo.
**Aveva le mani giunte e il suo sonno era agitato e interrotto.**

Roke je imel stisnjene, spanec pa nemiren in prekinjen.

**Si svegliava di soprassalto e fissava il buio con timore.**

Zbudil se je z grozo in prestrašeno strmel v temo.

**Poi aggiungeva altra legna al fuoco per mantenere viva la fiamma.**

Nato je na ogenj naložil še več drv, da je plamen ostal močan.

**A volte camminavano lungo una spiaggia in riva a un mare grigio e infinito.**

Včasih so se sprehajali po plaži ob sivem, neskončnem morju.

**L'uomo peloso raccolse i frutti di mare e li mangiò mentre camminava.**

Kosmati mož je med hojo nabiral školjke in jih jedel.

**I suoi occhi cercavano sempre pericoli nascosti nell'ombra.**

Njegove oči so vedno iskale skrite nevarnosti v sencah.

**Le sue gambe erano sempre pronte a scattare al primo segno di minaccia.**

Njegove noge so bile vedno pripravljene na šprint ob prvem znaku grožnje.

**Avanzavano furtivamente nella foresta, silenziosi e cauti, uno accanto all'altro.**

Prikradla sta se skozi gozd, tiha in previdna, drug ob drugem.

**Buck lo seguì alle calcagna, ed entrambi rimasero all'erta.**

Buck mu je sledil za petami in oba sta ostala pozorna.

**Le loro orecchie si muovevano e si contraevano, i loro nasi fiutavano l'aria.**

Ušesa so se jim trzala in premikala, nosovi so vohali zrak.

**L'uomo riusciva a sentire e ad annusare la foresta in modo altrettanto acuto quanto Buck.**

Moški je slišal in vohal gozd prav tako ostro kot Buck.

**L'uomo peloso si lanciò tra gli alberi a velocità improvvisa.**

Kosmati moški se je z nenadno hitrostjo zanihal med drevesi.

**Saltava da un ramo all'altro senza mai perdere la presa.**

Skakal je z veje na vejo in se nikoli ne zmotil.

**Si muoveva con la stessa rapidità con cui si muoveva sopra e sopra il terreno.**

Premikal se je tako hitro nad tlemi kot po njih.

**Buck ricordava le lunghe notti passate sotto gli alberi a fare la guardia.**

Buck se je spominjal dolgih noči pod drevesi, ko je bil na straži.

**L'uomo dormiva appollaiato sui rami, aggrappandosi forte.**

Moški je spal skrit med vejami in se jih tesno oklepal.

**Questa visione dell'uomo peloso era strettamente legata al richiamo profondo.**

Ta vizija kosmatega moškega je bila tesno povezana z globokim klicem.

**Il richiamo risuonava ancora nella foresta con una forza inquietante.**

Klic je še vedno odmeval skozi gozd z grozljivo močjo.

**La chiamata riempì Buck di desiderio e di un inquieto senso di gioia.**

Klic je Bucka napolnil s hrepenenjem in nemirnim občutkom veselja.

**Sentì strani impulsi e stimoli a cui non riusciva a dare un nome.**

Čutil je čudne vzgibe in vzgibe, ki jih ni mogel poimenovati.

**A volte seguiva la chiamata inoltrandosi nel silenzio dei boschi.**

Včasih je sledil klicu globoko v tihi gozd.

**Cercava il richiamo, abbaiando piano o bruscamente mentre camminava.**

Iskal je klic, med potjo tiho ali ostro lajal.

**Annusò il muschio e il terreno nero dove cresceva l'erba.**

Povohal je mah in črno zemljo, kjer so rasle trave.

**Sbuffò di piacere sentendo i ricchi odori della terra profonda.**

Od veselja je smrkal ob bogatih vonjavah globoke zemlje.

**Rimase accovacciato per ore dietro i tronchi ricoperti di funghi.**

Ure in ure se je skrival za debli, prekritimi z glivicami.

**Rimase immobile, ascoltando con gli occhi sgranati ogni minimo rumore.**

Ostal je pri miru in z odprtimi očmi prisluhnil vsakemu, še tako majhnemu zvoku.

**Forse sperava di sorprendere la cosa che aveva emesso la chiamata.**

Morda je upal, da bo presenetil tisto stvar, ki je poklicala.

**Non sapeva perché si comportava in quel modo: lo faceva e basta.**

Ni vedel, zakaj je tako ravnal – preprosto je vedel.

**Questi impulsi provenivano dal profondo, al di là del pensiero o della ragione.**

Vzgibi so prihajali globoko v sebi, onkraj misli ali razuma.

**Buck fu colto da impulsi irresistibili, senza preavviso o motivo.**

Bucka so brez opozorila ali razloga prevzeli neustavljivi nagoni.

**A volte sonnecchiava pigramente nell'accampamento, sotto il caldo di mezzogiorno.**

Včasih je lenobno dremal v taboru pod opoldansko vročino.

**All'improvviso sollevò la testa e le sue orecchie si drizzarono in allerta.**

Nenadoma je dvignil glavo in ušesa so mu bila napeta.

**Poi balzò in piedi e si lanciò nella natura selvaggia senza fermarsi.**

Nato je skočil pokonci in brez prestanka stekel v divjino.

**Corse per ore attraverso sentieri forestali e spazi aperti.**

Ure in ure je tekel po gozdnih poteh in odprtih prostorih.

**Amava seguire i letti asciutti dei torrenti e spiare gli uccelli sugli alberi.**

Rad je sledil suhim strugam potokov in vohunil za pticami na drevesih.

**Poteva restare nascosto tutto il giorno, osservando le pernici che si pavoneggiavano in giro.**

Lahko bi ves dan ležal skrit in opazoval jerebice, ki so se sprehajale naokoli.

**Suonavano i tamburi e marciavano, ignari della presenza immobile di Buck.**

Bobnali so in korakali, ne da bi se zavedali Buckove prisotnosti.

**Ma ciò che amava di più era correre al crepuscolo estivo.**

Najbolj pa je imel rad tek v mraku poleti.

**La luce fioca e i suoni assonnati della foresta lo riempivano di gioia.**

Pridušena svetloba in zaspani gozdni zvoki so ga napolnili z veseljem.

**Leggeva i cartelli della foresta con la stessa chiarezza con cui un uomo legge un libro.**

Gozdne znake je bral tako jasno, kot človek bere knjigo.

**E cercava sempre la strana cosa che lo chiamava.**

In vedno je iskal tisto čudno stvar, ki ga je klicala.

**Quella chiamata non si è mai fermata: lo raggiungeva sia da sveglio che nel sonno.**

Ta klic ni nikoli prenehal – dosegel ga je buden ali speč.


**Una notte si svegliò di soprassalto, con gli occhi acuti e le orecchie tese.**

Neke noči se je zbudil z ostrim pogledom in napetimi ušesi.

**Le sue narici si contrassero mentre la sua criniera si rizzava in onde.**

Nozdrve so se mu trzale, ko se mu je griva naježila v valovih.

**Dal profondo della foresta giunse di nuovo quel suono, il vecchio richiamo.**

Iz globin gozda se je spet zaslišal zvok, stari klic.

**Questa volta il suono risuonò chiaro, un ululato lungo, inquietante e familiare.**

Tokrat je zvok odmeval jasno, dolgo, pretresljivo, znano zavijanje.

**Era come il verso di un husky, ma dal tono strano e selvaggio.**

Bilo je kot krik haskija, vendar nenavadnega in divjega tona.

**Buck riconobbe subito quel suono: lo aveva già sentito molto tempo prima.**

Buck je zvok takoj prepoznal – natanko tak zvok je slišal že zdavnaj.

Attraversò con un balzo l'accampamento e scomparve rapidamente nel bosco.

Skočil je skozi tabor in hitro izginil v gozdu.

**Avvicinandosi al suono, rallentò e si mosse con cautela.**

Ko se je bližal zvoku, je upočasnil in se premikal previdno.

**Presto raggiunse una radura tra fitti pini.**

Kmalu je prišel do jase med gostimi borovci.

**Lì, ritto sulle zampe posteriori, sedeva un lupo grigio alto e magro.**

Tam, pokonci na zadnjici, je sedel visok, suh gozdni volk.

**Il naso del lupo puntava verso il cielo, continuando a riecheggiare il richiamo.**

Volkov nos je bil usmerjen proti nebu in še vedno je odmeval klic.

**Buck non aveva emesso alcun suono, eppure il lupo si fermò e ascoltò.**

Buck ni izdal niti glasu, vendar se je volk ustavil in prisluhnil.

**Percependo qualcosa, il lupo si irrigidì e scrutò l'oscurità.**

Volk je nekaj začutil, se je napel in preiskal temo.

**Buck si fece avanti furtivamente, con il corpo basso e i piedi ben appoggiati al terreno.**

Buck se je priplazil na vidiku, s telesom navzdol, z nogami mirno na tleh.

**La sua coda era dritta e il suo corpo era teso e teso.**

Njegov rep je bil raven, telo pa tesno zvito od napetosti.

**Manifestava sia un atteggiamento minaccioso che una sorta di rude amicizia.**

Pokazal je tako grožnjo kot nekakšno grobo prijateljstvo.

**Era il saluto cauto tipico delle bestie selvatiche.**

To je bil previden pozdrav, ki si ga delijo divje zveri.

**Ma il lupo si voltò e fuggì non appena vide Buck.**

Toda volk se je obrnil in zbežal takoj, ko je zagledal Bucka.

**Buck si lanciò all'inseguimento, saltando selvaggiamente, desideroso di raggiungerlo.**

Buck se je pognal v lov, divje skakal in ga želel prehiteti.

**Seguì il lupo in un ruscello secco bloccato da un ingorgo di tronchi.**

Sledil je volku v suh potok, ki ga je zamašila lesena zastoja.

**Messo alle strette, il lupo si voltò e rimase fermo.**

Volk, stisnjen v kot, se je obrnil in obstal.

**Il lupo ringhiò e schioccò i denti come un husky intrappolato in una rissa.**

Volk je renčal in škripal kot ujeti haski v boju.

**I denti del lupo schioccarono rapidamente e il suo corpo si irrigidì per la furia selvaggia.**

Volkovi zobje so hitro skočili, njegovo telo pa je ščetinasto jezno.

**Buck non attaccò, ma girò intorno al lupo con attenta cordialità.**

Buck ni napadel, ampak je volka previdno in prijazno obkrožil.

**Cercò di bloccargli la fuga con movimenti lenti e innocui.**

S počasnimi, neškodljivimi gibi je poskušal preprečiti pobeg.

**Il lupo era cauto e spaventato: Buck lo superava di peso tre volte.**

Volk je bil previden in prestrašen – Buck ga je trikrat pretehtal.

**La testa del lupo arrivava a malapena all'altezza della spalla massiccia di Buck.**

Volčja glava je komaj segala do Buckove mogočne rame.

**Il lupo, attento a individuare un varco, si lanciò e l'inseguimento ricominciò.**

Volk je iskal vrzel, pobegnil in zasledovanje se je znova začelo.

**Buck lo mise alle strette più volte e la danza si ripeté.**

Buck ga je večkrat stisnil v kot in ples se je ponovil.

**Il lupo era magro e debole, altrimenti Buck non avrebbe potuto catturarlo.**

Volk je bil suh in šibek, sicer ga Buck ne bi mogel ujeti.

**Ogni volta che Buck si avvicinava, il lupo si girava di scatto e lo affrontava spaventato.**

Vsakič, ko se je Buck približal, se je volk obrnil in se mu v strahu postavil v oči.

**Poi, alla prima occasione, si precipitò di nuovo nel bosco.**

Nato je ob prvi priložnosti spet stekel v gozd.

**Ma Buck non si arrese e alla fine il lupo imparò a fidarsi di lui.**

Toda Buck se ni vdal in volk mu je končno začel zaupati.

**Annusò il naso di Buck e i due diventarono giocosi e attenti.**

Povohal je Buckov nos in oba sta postala igriva in pozorna.

**Giocavano come animali selvaggi, feroci ma timidi nella loro gioia.**

Igrali so se kot divje živali, divji, a hkrati sramežljivi v svojem veselju.

**Dopo un po' il lupo trotterellò via con calma e decisione.**

Čez nekaj časa je volk mirno in odločno odkorakal stran.

**Dimostrò chiaramente a Buck che intendeva essere seguito.**

Bucku je jasno pokazal, da mu namerava slediti.

**Correvano fianco a fianco nel buio della sera.**

Tekla sta drug ob drugem skozi mrak.

**Seguirono il letto del torrente fino alla gola rocciosa.**

Sledili so strugi potoka navzgor v skalnato sotesko.

**Attraversarono un freddo spartiacque nel punto in cui aveva avuto origine il fiume.**

Prečkala sta hladno pregrado, kjer se je potok začel.

**Sul pendio più lontano trovarono un'ampia foresta e molti corsi d'acqua.**

Na skrajnem pobočju so našli širok gozd in veliko potokov.

**Corsero per ore senza fermarsi attraverso quella terra immensa.**

Skozi to prostrano deželo so ure in ure tekli brez postanka.

**Il sole saliva sempre più alto, l'aria si faceva calda, ma loro continuavano a correre.**

Sonce se je dvignilo višje, zrak se je ogrel, a so tekli naprej.

**Buck era pieno di gioia: sapeva di aver risposto alla sua chiamata.**

Bucka je preplavilo veselje – vedel je, da odgovarja na svoj klic.

**Corse accanto al fratello della foresta, più vicino alla fonte della chiamata.**

Tekel je poleg svojega gozdnega brata, bližje viru klica.

**I vecchi sentimenti ritornano, potenti e difficili da ignorare.**

Stari občutki so se vrnili, močni in težko jih je bilo prezreti.

**Queste erano le verità nascoste nei ricordi dei suoi sogni.**

To so bile resnice, ki so se skrivale za spomini iz njegovih sanj.

**Tutto questo lo aveva già fatto in un mondo lontano e oscuro.**

Vse to je že počel v oddaljenem in senčnem svetu.

**Questa volta lo fece di nuovo, scatenandosi con il cielo aperto sopra di lui.**

Zdaj je to storil spet, divje je tekel pod odprtim nebom nad seboj.

**Si fermarono presso un ruscello per bere l'acqua fredda che scorreva.**

Ustavili so se ob potoku, da bi se napili hladne tekoče vode.

**Mentre beveva, Buck si ricordò improvvisamente di John Thornton.**

Medtem ko je pil, se je Buck nenadoma spomnil Johna Thorntona.

**Si sedette in silenzio, lacerato dal sentimento di lealtà e dalla chiamata.**

Tiho je sedel, razdiran od privlačnosti zvestobe in poklica.

**Il lupo continuò a trottare, ma tornò indietro per incitare Buck ad andare avanti.**

Volk je tekel naprej, a se je vrnil, da bi spodbudil Bucka naprej.

**Gli annusò il naso e cercò di convincerlo con gesti gentili.**

Povohal je nos in ga poskušal prepričati z nežnimi kretnjami.

**Ma Buck si voltò e riprese a tornare indietro per la strada da cui era venuto.**

Toda Buck se je obrnil in se odpravil nazaj po isti poti, kot je prišel.

**Il lupo gli corse accanto per molto tempo, guaindo piano.**

Volk je dolgo tekel ob njem in tiho cvilil.

**Poi si sedette, alzò il naso ed emise un lungo ululato.**

Nato se je usedel, dvignil nos in dolgo zavpil.

**Era un grido lugubre, che si addolcì mentre Buck si allontanava.**

Bil je žalosten krik, ki se je omehčal, ko je Buck odhajal.

**Buck ascoltò mentre il suono del grido svaniva lentamente nel silenzio della foresta.**

Buck je poslušal, kako je zvok krika počasi izginjal v gozdni tišini.

**John Thornton stava cenando quando Buck irruppe nell'accampamento.**

John Thornton je večerjal, ko je Buck vdrl v tabor.

**Buck gli saltò addosso selvaggiamente, leccandolo, mordendolo e facendolo rotolare.**

Buck je divje skočil nanj, ga lizajoč, grizejoč in prevračajoč.

**Lo fece cadere, gli saltò sopra e gli baciò il viso.**

Zvrnil ga je, splezal nanj in ga poljubil na obraz.

**Thornton lo definì con affetto "fare il buffone".**

Thornton je to z naklonjenostjo poimenoval »igranje splošnega norca«.

**Nel frattempo, imprecava dolcemente contro Buck e lo scuoteva avanti e indietro.**

Ves čas je nežno preklinjal Bucka in ga stresal sem ter tja.

**Per due interi giorni e due notti, Buck non lasciò l'accampamento nemmeno una volta.**

Dva cela dneva in noči Buck ni niti enkrat zapustil tabora.

**Si teneva vicino a Thornton e non lo perdeva mai di vista.**

Ostal je blizu Thorntona in ga ni nikoli spustil izpred oči.

**Lo seguiva mentre lavorava e lo osservava mentre mangiava.**

Sledil mu je med delom in ga opazoval med jedjo.

**Di notte vedeva Thornton avvolto nelle sue coperte e ogni mattina lo vedeva uscire.**

Thorntona je ponoči spremljal v odejah in vsako jutro zunaj.

**Ma presto il richiamo della foresta ritornò, più forte che mai.**

Toda kmalu se je gozdni klic vrnil, glasnejši kot kdaj koli prej.

**Buck si sentì di nuovo irrequieto, agitato dal pensiero del lupo selvatico.**

Buck je spet postal nemiren, prebuden od misli na divjega volka.

**Ricordava la terra aperta e le corse fianco a fianco.**

Spomnil se je odprte pokrajine in teka drug ob drugem.

**Ricominciò a vagare nella foresta, solo e vigile.**

Spet se je začel sprehajati po gozdu, sam in buden.

**Ma il fratello selvaggio non tornò e l'ululato non fu udito.**

Toda divji brat se ni vrnil in zavijanja ni bilo slišati.

**Buck cominciò a dormire all'aperto, restando lontano anche per giorni interi.**

Buck je začel spati zunaj in se je več dni izogibal.

**Una volta attraversò l'alto spartiacque dove aveva origine il torrente.**

Nekoč je prečkal visok razvod, kjer se je začel potok.

**Entrò nella terra degli alberi scuri e dei grandi corsi d'acqua.**

Vstopil je v deželo temnega gozda in široko tekočih potokov.

**Vagò per una settimana alla ricerca di tracce del fratello selvaggio.**

Teden dni je taval in iskal znake divjega brata.

**Uccideva la propria carne e viaggiava a passi lunghi e instancabili.**

Ubil je svoje meso in potoval z dolgimi, neutrudnimi koraki.

**Pescò salmoni in un ampio fiume che arrivava fino al mare.**

Lososa je lovil v široki reki, ki je segala v morje.

**Lì lottò e uccise un orso nero reso pazzo dagli insetti.**

Tam se je boril in ubil črnega medveda, ki ga je razjezila žuželka.

**L'orso stava pescando e corse alla cieca tra gli alberi.**

Medved je lovil ribe in je slepo tekel med drevesi.

**La battaglia fu feroce e risvegliò il profondo spirito combattivo di Buck.**

Bitka je bila huda in je prebudila Buckov globok borbeni duh.

**Due giorni dopo, Buck tornò e trovò dei ghiottoni nei pressi della sua preda.**

Dva dni kasneje se je Buck vrnil in pri svojem plenu našel volkodlake.

**Una dozzina di loro litigarono furiosamente e rumorosamente per la carne.**

Ducat se jih je v glasni besu prepiralo zaradi mesa.

**Buck caricò e li disperse come foglie al vento.**

Buck je planil in jih raztresel kot listje v vetru.

**Due lupi rimasero indietro: silenziosi, senza vita e immobili per sempre.**

Dva volka sta ostala zadaj – tiha, brez življenja in za vedno negibna.

**La sete di sangue divenne più forte che mai.**

Žeja po krvi je bila močnejša kot kdaj koli prej.

**Buck era un cacciatore, un assassino, che si nutriva di creature viventi.**

Buck je bil lovec, morilec, ki se je hranil z živimi bitji.

**Sopravvisse da solo, affidandosi alla sua forza e ai suoi sensi acuti.**

Preživel je sam, zanašal se je na svojo moč in ostre čute.

**Prosperava nella natura selvaggia, dove solo i più forti potevano sopravvivere.**

Uspeval je v divjini, kjer so lahko živeli le najtrdoživejši.

**Da ciò nacque un grande orgoglio che riempì tutto l'essere di Buck.**

Iz tega se je dvignil velik ponos in napolnil celotno Buckovo bitje.

**Il suo orgoglio traspariva da ogni passo, dal fremito di ogni muscolo.**

Njegov ponos se je kazal v vsakem koraku, v valovanju vsake mišice.

**Il suo orgoglio era evidente, come si vedeva dal suo comportamento.**

Njegov ponos je bil jasen kot beseda, kar se je videlo v tem, kako se je obnašal.

**Persino il suo spesso mantello appariva più maestoso e splendeva di più.**

Celo njegov debel kožuh je bil videti bolj veličasten in se je svetleje lesketal.

**Buck avrebbe potuto essere scambiato per un lupo grigio gigante.**

Bucka bi lahko zamenjali za velikanskega gozdnega volka.

**A parte il marrone sul muso e le macchie sopra gli occhi.**

Razen rjave barve na gobcu in lis nad očmi.

**E la striscia bianca di pelo che gli correva lungo il centro del petto.**

In bela dlaka, ki se je raztezala po sredini njegovih prsi.

**Era addirittura più grande del più grande lupo di quella feroce razza.**

Bil je celo večji od največjega volka te divje pasme.

**Suo padre, un San Bernardo, gli ha trasmesso la stazza e la corporatura robusta.**

Njegov oče, bernard, mu je dal velikost in težko postavo.

**Sua madre, una pastorella, plasmò quella mole conferendole la forma di un lupo.**

Njegova mati, pastirica, je to maso oblikovala v volčjo obliko.

**Aveva il muso lungo di un lupo, anche se più pesante e largo.**

Imel je dolg volčji gobec, čeprav težji in širši.

**La sua testa era quella di un lupo, ma di dimensioni enormi e maestose.**

Njegova glava je bila volčja, vendar masivna, veličastna.

**L'astuzia di Buck era l'astuzia del lupo e della natura selvaggia.**

Buckova zvitost je bila zvitost volka in divjine.

**La sua intelligenza gli venne sia dal Pastore Tedesco che dal San Bernardo.**

Njegova inteligenca je izvirala tako od nemškega ovčarja kot od bernardinca.

**Tutto ciò, unito alla dura esperienza, lo rese una creatura temibile.**

Vse to, skupaj s težkimi izkušnjami, ga je naredilo za strašljivo bitje.

**Era formidabile quanto qualsiasi animale che vagasse nelle terre selvagge del nord.**

Bil je tako mogočen kot katera koli zver, ki je tavala po severni divjini.

**Nutrendosi solo di carne, Buck raggiunse l'apice della sua forza.**

Živel je samo od mesa in dosegel vrhunec svoje moči.

**Trasudava potenza e forza maschile in ogni fibra del suo corpo.**

V vsakem vlaknu je prekipeval od moči in moške sile.

**Quando Thornton gli accarezzò la schiena, i peli brillarono di energia.**

Ko ga je Thornton pogladil po hrbtu, so se mu dlake zaiskrile od energije.

**Ogni capello scricchiolava, carico del tocco di un magnetismo vivente.**

Vsak las je prasketal, nabit z dotikom živega magnetizma.

**Il suo corpo e il suo cervello erano sintonizzati sulla tonalità più fine possibile.**

Njegovo telo in možgani so bili uglašeni na najfinejši možen ton.

**Ogni nervo, ogni fibra e ogni muscolo lavoravano in perfetta armonia.**

Vsak živec, vlakno in mišica je delovala v popolni harmoniji.

**A qualsiasi suono o visione che richiedesse un intervento, rispondeva immediatamente.**

Na vsak zvok ali prizor, ki je zahteval ukrepanje, se je odzval takoj.

**Se un husky saltava per attaccare, Buck poteva saltare due volte più velocemente.**

Če bi haski skočil v napad, bi Buck lahko skočil dvakrat hitreje.

**Reagì più rapidamente di quanto gli altri potessero vedere o sentire.**

Odzval se je hitreje, kot so ga drugi sploh lahko videli ali slišali.

**Percezione, decisione e azione avvennero tutte in un unico, fluido istante.**

Zaznavanje, odločitev in dejanje so se zgodili v enem samem tekočem trenutku.

**In realtà si tratta di atti separati, ma troppo rapidi per essere notati.**

V resnici so bila ta dejanja ločena, vendar prehitra, da bi jih opazili.

**Gli intervalli tra questi atti erano così brevi che sembravano uno solo.**

Presledki med temi dejanji so bili tako kratki, da so se zdeli kot eno.

**I suoi muscoli e il suo essere erano come molle strettamente avvolte.**

Njegove mišice in bitje so bili kot tesno napete vzmeti.

**Il suo corpo traboccava di vita, selvaggia e gioiosa nella sua potenza.**

Njegovo telo je kipelo od življenja, divje in radostno v svoji moči.

**A volte aveva la sensazione che la forza stesse per esplodere completamente dentro di lui.**

Včasih se mu je zdelo, kot da ga bo ta sila povsem izpustila.

**"Non c'è mai stato un cane simile", disse Thornton un giorno tranquillo.**

»Nikoli ni bilo takega psa,« je nekega mirnega dne rekel Thornton.

**I soci osservarono Buck uscire fiero dall'accampamento.**

Partnerja sta opazovala Bucka, ki je ponosno korakal iz tabora.

**"Quando è stato creato, ha cambiato il modo in cui un cane può essere", ha detto Pete.**

"Ko je bil ustvarjen, je spremenil, kaj pes lahko je," je dejal Pete.

**"Per Dio! Lo penso anch'io", concordò subito Hans.**

„Pri Jezusu! Tudi jaz tako mislim,“ se je Hans hitro strinjal.

**Lo videro allontanarsi, ma non il cambiamento che avvenne dopo.**

Videli so ga oditi, ne pa tudi spremembe, ki je prišla zatem.

**Non appena entrò nel bosco, Buck si trasformò completamente.**

Takoj ko je vstopil v gozd, se je Buck popolnoma preobrazil.

**Non marciava più, ma si muoveva come uno spettro selvaggio tra gli alberi.**

Ni več korakal, ampak se je premikal kot divji duh med drevesi.

**Divenne silenzioso, come un gatto, un bagliore che attraversava le ombre.**

Postal je tih, mačje noge so se premikale, kot blisk, ki je švignil skozi sence.

**Usava la copertura con abilità, strisciando sulla pancia come un serpente.**

Spretno se je skrival in se plazil po trebuhu kot kača.

**E come un serpente, sapeva balzare in avanti e colpire in silenzio.**

In kot kača je lahko skočil naprej in udaril v tišini.

**Potrebbe rubare una pernice bianca direttamente dal suo nido nascosto.**

Lahko bi ukradel belorepo naravnost iz njenega skritega gnezda.

**Uccideva i conigli addormentati senza emettere alcun suono.**

Speče zajce je ubil brez enega samega glasu.

**Riusciva a catturare gli scoiattoli a mezz'aria anche se fuggivano troppo lentamente.**

Veverice je lahko ujel v zraku, saj so bežale prepočasi.

**Nemmeno i pesci nelle pozze riuscivano a sfuggire ai suoi attacchi improvvisi.**

Celo ribe v tolmunih se niso mogle izogniti njegovim nenadnim napadom.

**Nemmeno i furbi castori impegnati a riparare le dighe erano al sicuro da lui.**

Niti pametni bobri, ki so popravljali jezove, niso bili varni pred njim.

**Uccideva per nutrirsi, non per divertirsi, ma preferiva uccidere le proprie vittime.**

Ubijal je za hrano, ne za zabavo – a najraje je ubijal sam.

**Eppure, un umorismo subdolo permeava alcune delle sue cacce silenziose.**

Vseeno pa je skozi nekatere njegove tihe love prežemal pridih pretkanega humorja.

**Si avvicinò furtivamente agli scoiattoli, solo per lasciarli scappare.**

Priplazil se je blizu veveric, le da bi jih pustil pobegniti.

**Stavano per fuggire tra gli alberi, chiacchierando con rabbia e paura.**

Zbežali so med drevesa in se prestrašeno in besno klepetali.

**Con l'arrivo dell'autunno, le alci cominciarono ad apparire in numero maggiore.**

Z nastopom jeseni so se losi začeli pojavljati v večjem številu.

**Si spostarono lentamente verso le basse valli per affrontare l'inverno.**

Počasi so se premikali v nizke doline, da bi pričakali zimo.

**Buck aveva già abbattuto un giovane vitello randagio.**

Buck je že uplenil enega mladega, potepuškega teliČka.

**Ma lui desiderava ardentemente affrontare prede più grandi e pericolose.**

Vendar si je hrepenel po soočenju z večjim, nevarnejšim plenom.

**Un giorno, sul crinale, alla sorgente del torrente, trovò la sua occasione.**

Nekega dne na razvodju, na izviru potoka, je našel svojo priložnost.

**Una mandria di venti alci era giunta da terre boscose.**

Čreda dvajsetih losov je prečkala gozdnate predele.

**Tra loro c'era un possente toro, il capo del gruppo.**

Med njimi je bil mogočen bik; vodja skupine.

**Il toro era alto più di due metri e mezzo e appariva feroce e selvaggio.**

Bik je bil visok več kot šest metrov in je bil videti divji in divji.

**Lanciò le sue grandi corna, le cui quattordici punte si diramavano verso l'esterno.**

Vrgel je svoje široke rogove, ki so se razvejali navzven s štirinajstimi konicami.

**Le punte di quelle corna si estendevano per due metri.**

Konice teh rogov so se raztezale dva metra v širino.

**I suoi piccoli occhi ardevano di rabbia quando vide Buck lì vicino.**

Njegove majhne oči so gorele od besa, ko je v bližini opazil Bucka.

**Emise un ruggito furioso, tremando di rabbia e dolore.**

Izpustil je besen rjoveč glas, trepetajoč od besa in bolečine.

**Vicino al suo fianco spuntava la punta di una freccia, appuntita e piumata.**

Blizu njegovega boka je štrlela konica puščice, pernata in ostra.

**Questa ferita contribuì a spiegare il suo umore selvaggio e amareggiato.**

Ta rana je pomagala razložiti njegovo divje, zagrenjeno razpoloženje.

**Buck, guidato dall'antico istinto di caccia, fece la sua mossa.**

Buck, voden od starodavnega lovskega nagona, je naredil svojo potezo.

**Il suo obiettivo era separare il toro dal resto della mandria.**

Njegov cilj je bil ločiti bika od preostale črede.

**Non era un compito facile: richiedeva velocità e una grande astuzia.**

To ni bila lahka naloga – zahtevala je hitrost in izjemno zvitost.

**Abbaiava e danzava vicino al toro, appena fuori dalla sua portata.**

Lajal je in plesal blizu bika, tik izven dosega.

**L'alce si lanciò con enormi zoccoli e corna mortali.**

Los se je pognal z ogromnimi kopiti in smrtonosnimi rogovji.

**Un colpo avrebbe potuto porre fine alla vita di Buck in un batter d'occhio.**

En sam udarec bi lahko Buckovo življenje končal v trenutku.

**Incapace di abbandonare la minaccia, il toro si infuriò.**

Bik se ni mogel znebiti grožnje in je postal besen.

**Lui caricava con furia, ma Buck riusciva sempre a sfuggirgli.**

V besu je planil, a Buck se je vedno izmuznil.

**Buck finse di essere debole, allontanandosi ulteriormente dalla mandria.**

Buck se je pretvarjal, da je slab, in ga zvabil dlje od črede.

**Ma i giovani tori sarebbero tornati alla carica per proteggere il capo.**

Toda mladi biki so se nameravali vrniti v napad, da bi zaščitili vodjo.

**Costrinsero Buck a ritirarsi e il toro a ricongiungersi al gruppo.**

Prisilili so Bucka, da se umakne, bika pa, da se ponovno pridruži skupini.

**C'è una pazienza nella natura selvaggia, profonda e inarrestabile.**

V divjini obstaja potrpežljivost, globoka in neustavljiva.

**Un ragno resta immobile nella sua tela per innumerevoli ore.**

Pajek negibno čaka v svoji mreži nešteto ur.

**Un serpente si avvolge su se stesso senza contrarsi e aspetta il momento giusto.**

Kača se zvije brez trzanja in čaka, da pride čas.

**Una pantera è in agguato, finché non arriva il momento.**

Panter preži v zasedi, dokler ne pride pravi trenutek.

**Questa è la pazienza dei predatori che cacciano per sopravvivere.**

To je potrpežljivost plenilcev, ki lovijo, da bi preživeli.

**La stessa pazienza ardeva dentro Buck mentre gli restava accanto.**

Ista potrpežljivost je gorela v Bucku, ko je ostal blizu.

**Rimase vicino alla mandria, rallentandone la marcia e incutendo timore.**

Ostal je blizu črede, upočasnjeval njen korak in vzbujal strah.

**Provocava i giovani tori e molestava le mucche madri.**

Dražil je mlade bike in nadlegoval krave matere.

**Spinse il toro ferito in una rabbia ancora più profonda e impotente.**

Ranjenega bika je spravil v še globljo, nemočno jezo.

**Per mezza giornata il combattimento si trascinò senza alcuna tregua.**

Pol dneva se je boj vlekel brez počitka.

**Buck attaccò da ogni angolazione, veloce e feroce come il vento.**

Buck je napadel z vseh strani, hiter in divji kot veter.

**Impedì al toro di riposare o di nascondersi con la mandria.**

Preprečeval je biku, da bi se počival ali skrival s svojo čredo.

**Buck logorò la volontà dell'alce più velocemente del suo corpo.**

Buck je losovo voljo izčrpal hitreje kot njegovo telo.

Il giorno passò e il sole tramontò basso nel cielo a nord-ovest.

Dan je minil in sonce je nizko zašlo na severozahodnem nebu.

I giovani tori tornarono più lentamente per aiutare il loro capo.

Mladi biki so se počasneje vračali, da bi pomagali svojemu vodji.

Erano tornate le notti autunnali e il buio durava ormai sei ore.

Jesenske noči so se vrnile in tema je zdaj trajala šest ur.

L'inverno li spingeva verso valli più sicure e calde.

Zima jih je gnala navzdol v varnejše, toplejše doline.

Ma non riuscirono comunque a sfuggire al cacciatore che li tratteneva.

Vendar še vedno niso mogli pobegniti lovcu, ki jih je zadrževal.

Era in gioco solo una vita: non quella del branco, ma quella del loro capo.

Na kocki je bilo samo eno življenje – ne življenje črede, ampak le življenje njihovega vodje.

Ciò rendeva la minaccia lontana e non una loro preoccupazione urgente.

Zaradi tega je bila grožnja oddaljena in ni bila njihova nujna skrb.

Col tempo accettarono questo prezzo e lasciarono che Buck prendesse il vecchio toro.

Sčasoma so sprejeli to ceno in pustili Bucku, da vzame starega bika.

Mentre calava il crepuscolo, il vecchio toro rimase in piedi con la testa bassa.

Ko se je spustil mrak, je stari bik stal s sklonjeno glavo.

Guardò la mandria che aveva guidato svanire nella luce morente.

Gledal je, kako čreda, ki jo je vodil, izginja v bledeči svetlobi.

C'erano mucche che aveva conosciuto, vitelli che un tempo aveva generato.

Bile so krave, ki jih je poznal, teleta, katerih oče je bil nekoč.

**C'erano tori più giovani con cui aveva combattuto e che aveva dominato nelle stagioni passate.**

V preteklih sezonah se je boril in vladal z mlajšimi biki.

**Non poteva seguirli, perché davanti a lui era di nuovo accovacciato Buck.**

Ni jim mogel slediti – pred njim se je spet sklanjal Buck.

**Il terrore spietato e zannuto gli bloccava ogni via che potesse percorrere.**

Neusmiljena groza z zobmi mu je blokirala vsako pot, ki bi jo lahko ubral.

**Il toro pesava più di trecento chili di potenza densa.**

Bik je tehtal več kot tristo kilogramov goste moči.

**Aveva vissuto a lungo e lottato duramente in un mondo di difficoltà.**

Živel je dolgo in se trdo boril v svetu bojev.

**Eppure, alla fine, la morte gli venne commessa da una bestia molto più bassa di lui.**

Pa vendar je zdaj, na koncu, smrt prišla od zveri, ki je bila daleč pod njim.

**La testa di Buck non arrivò nemmeno alle enormi ginocchia noccate del toro.**

Buckova glava se ni dvignila niti do bikovih ogromnih, s členki prekrižanih kolen.

**Da quel momento in poi, Buck rimase con il toro notte e giorno.**

Od tistega trenutka naprej je Buck ostal z bikom noč in dan.

**Non gli dava mai tregua, non gli permetteva mai di brucare o bere.**

Nikoli mu ni dal počitka, nikoli mu ni dovolil pasti ali piti.

**Il toro cercò di mangiare giovani germogli di betulla e foglie di salice.**

Bik je poskušal jesti mlade brezove poganjke in vrbove liste.

**Ma Buck lo scacciò, sempre all'erta e sempre all'attacco.**

Toda Buck ga je odgnal, vedno pozoren in vedno napadajoč.

**Anche nei torrenti che scorrevano, Buck bloccava ogni assetato tentativo.**

Tudi ob tekočih potokih je Buck blokiral vsak žejni poskus.

**A volte, in preda alla disperazione, il toro fuggiva a tutta velocità.**

Včasih je bik v obupu zbežal s polno hitrostjo.

**Buck lo lasciò correre, avanzando tranquillamente dietro di lui, senza mai allontanarsi troppo.**

Buck ga je pustil teči, mirno je tekel tik za njim, nikoli preveč daleč.

**Quando l'alce si fermò, Buck si sdraiò, ma rimase pronto.**

Ko se je los ustavil, se je Buck ulegel, a ostal pripravljen.

**Se il toro provava a mangiare o a bere, Buck colpiva con tutta la sua furia.**

Če je bik poskušal jesti ali piti, je Buck udaril z vso jezo.

**La grande testa del toro si abbassava sotto le enormi corna.**

Bikova velika glava se je pod ogromnimi rogovi povesila še nižje.

**Il suo passo rallentò, il trotto divenne pesante, un'andatura barcollante.**

Njegov tempo se je upočasnil, kas je postal težak; spotikajoča se hoja.

**Spesso restava immobile con le orecchie abbassate e il naso rivolto verso il terreno.**

Pogosto je stal pri miru s povešenimi ušesi in smrčkom do tal.

**In quei momenti Buck si prese del tempo per bere e riposare.**

V teh trenutkih si je Buck vzel čas za pijačo in počitek.

**Con la lingua fuori e gli occhi fissi, Buck sentì che la terra stava cambiando.**

Z iztegnjenim jezikom in uprtim pogledom je Buck čutil, da se dežela spreminja.

**Sentì qualcosa di nuovo muoversi nella foresta e nel cielo.**

Čutil je nekaj novega, kako se premika skozi gozd in nebo.

**Con il ritorno delle alci tornarono anche altre creature selvatiche.**

Ko so se vrnili losi, so se vrnila tudi druga divja bitja.

**La terra sembrava viva di una presenza invisibile ma fortemente nota.**

Dežela je bila živa od prisotnosti, nevidna, a močno znana.

**Buck non lo sapeva tramite l'udito, la vista o l'olfatto.**

Buck tega ni vedel ne po zvoku, ne po vidu, ne po vonju.

**Un sentimento più profondo gli diceva che nuove forze erano in movimento.**

Globlji čut mu je govoril, da se premikajo nove sile.

**Una strana vita si agitava nei boschi e lungo i corsi d'acqua.**

Čudno življenje se je prebijalo po gozdovih in ob potokih.

**Decise di esplorare questo spirito una volta completata la caccia.**

Odločil se je, da bo po končanem lovu raziskal tega duha.

**Il quarto giorno, Buck riuscì finalmente a catturare l'alce.**

Četrti dan je Buck končno ujel losa.

**Rimase nei pressi della preda per un giorno e una notte interi, nutrendosi e riposandosi.**

Cel dan in noč je ostal ob plenu, se hranil in počival.

**Mangiò, poi dormì, poi mangiò ancora, finché non fu forte e sazio.**

Jedel je, nato spal, nato spet jedel, dokler ni bil močan in sit.

**Quando fu pronto, tornò indietro verso l'accampamento e Thornton.**

Ko je bil pripravljen, se je obrnil nazaj proti taboru in Thorntonu.

**Con passo costante iniziò il lungo viaggio di ritorno verso casa.**

Z enakomernim tempom se je podal na dolgo pot domov.

**Correva con la sua andatura instancabile, ora dopo ora, senza mai smarrirsi.**

Tekel je v svojem neutrudnem skakanju, uro za uro, nikoli ne skrenil z poti.

**Attraverso terre sconosciute, si muoveva dritto come l'ago di una bussola.**

Skozi neznane dežele se je gibal naravnost kot igla kompasa.

**Il suo senso dell'orientamento faceva sembrare deboli, al confronto, l'uomo e la mappa.**

Njegov občutek za orientacijo je v primerjavi z njim delal človeka in zemljevid šibka.

**Mentre Buck correva, sentiva sempre più forte l'agitazione nella terra selvaggia.**

Ko je Buck tekel, je močneje čutil gibanje v divjini.

**Era un nuovo tipo di vita, diverso da quello dei tranquilli mesi estivi.**

Bilo je novo življenje, drugačno od tistega v mirnih poletnih mesecih.

**Questa sensazione non giungeva più come un messaggio sottile o distante.**

Ta občutek ni več prihajal kot subtilno ali oddaljeno sporočilo.

**Ora gli uccelli parlavano di questa vita e gli scoiattoli chiacchieravano.**

Zdaj so ptice govorile o tem življenju, veverice pa so klepetale o njem.

**Persino la brezza sussurrava avvertimenti tra gli alberi silenziosi.**

Celo vetrič je šepetal opozorila skozi tiha drevesa.

**Più volte si fermò ad annusare l'aria fresca del mattino.**

Nekajkrat se je ustavil in povohal svež jutranji zrak.

**Lì lesse un messaggio che lo fece fare un balzo in avanti più velocemente.**

Tam je prebral sporočilo, zaradi katerega je hitreje skočil naprej.

**Fu pervaso da un forte senso di pericolo, come se qualcosa fosse andato storto.**

Preplavil ga je močan občutek nevarnosti, kot da bi šlo nekaj narobe.

**Temeva che la calamità stesse per arrivare, o che fosse già arrivata.**

Bal se je, da prihaja nesreča – ali pa je že prišla.

**Superò l'ultima cresta ed entrò nella valle sottostante.**

Prečkal je zadnji greben in vstopil v dolino spodaj.

**Si muoveva più lentamente, attento e cauto a ogni passo.**

Premikal se je počasneje, pozoren in previden z vsakim korakom.

**Dopo tre miglia trovò una pista fresca che lo fece irrigidire.**

Tri milje stran je našel svežo sled, ki ga je otrdela.

**I peli sul collo si rizzarono e si rizzarono in segno di allarme.**

Dlake vzdolž njegovega vratu so se naježile in nakostrile od prestrašenosti.

**Il sentiero portava dritto all'accampamento dove Thornton aspettava.**

Pot je vodila naravnost proti taboru, kjer je čakal Thornton.

**Buck ora si muoveva più velocemente, con passi silenziosi e rapidi.**

Buck se je zdaj premikal hitreje, njegov korak je bil hkrati tih in hiter.

**I suoi nervi si irrigidirono mentre leggeva segnali che altri non avrebbero notato.**

Živci so se mu napeli, ko je prebral znake, ki jih bodo drugi spregledali.

**Ogni dettaglio del percorso raccontava una storia, tranne l'ultimo pezzo.**

Vsaka podrobnost na poti je pripovedovala zgodbo – razen zadnjega dela.

**Il suo naso gli raccontò della vita che aveva trascorso lì.**

Njegov nos mu je pripovedoval o življenju, ki je minilo to pot.

**L'odore gli fornì un'immagine mutevole mentre lo seguiva da vicino.**

Vonj mu je dal spreminjajočo se sliko, ko mu je sledil tesno za hrbtom.

**Ma la foresta stessa era diventata silenziosa, innaturalmente immobile.**

Toda gozd sam je utihnil; nenaravno miren.

**Gli uccelli erano scomparsi, gli scoiattoli erano nascosti, silenziosi e immobili.**

Ptice so izginile, veverice so bile skrite, tihe in mirne.

**Vide solo uno scoiattolo grigio, sdraiato su un albero morto.**

Videl je samo eno sivo veverico, ki je ležala na mrtvem drevesu.

**Lo scoiattolo si mimetizzava, rigido e immobile come una parte della foresta.**

Veverica se je zlila z nami, toga in negibna kot del gozda.

**Buck si muoveva come un'ombra, silenzioso e sicuro tra gli alberi.**

Buck se je premikal kot senca, tiho in samozavestno skozi drevesa.

**Il suo naso si mosse di lato come se fosse stato tirato da una mano invisibile.**

Njegov nos se je sunkovito nagnil vstran, kot bi ga potegnila nevidna roka.

**Si voltò e seguì il nuovo odore nel profondo di un boschetto.**

Obrnil se je in sledil novemu vonju globoko v goščavo.

**Lì trovò Nig, steso morto, trafitto da una freccia.**

Tam je našel Niga, ki je ležal mrtev, preboden s puščico.

**La freccia gli attraversò il corpo, lasciando ancora visibili le piume.**

Strela je prešla skozi njegovo telo, perje je bilo še vedno vidno.

**Nig si era trascinato fin lì, ma era morto prima di riuscire a raggiungere i soccorsi.**

Nig se je tja privlekel, a je umrl, preden je prišel na pomoč.

**Cento metri più avanti, Buck trovò un altro cane da slitta.**

Sto metrov naprej je Buck našel še enega vlečnega psa.

**Era un cane che Thornton aveva comprato a Dawson City.**

Bil je pes, ki ga je Thornton kupil v Dawson Cityju.

**Il cane lottava con tutte le sue forze, dimenandosi violentemente sul sentiero.**

Pes se je boril na smrt in se močno prebijal po poti.

**Buck gli passò accanto senza fermarsi, con gli occhi fissi davanti a sé.**

Buck je šel okoli njega, se ni ustavil, z očmi, uprtimi predse.

**Dalla direzione dell'accampamento proveniva un canto lontano e ritmico.**

Iz smeri tabora se je slišalo oddaljeno, ritmično petje.

**Le voci si alzavano e si abbassavano con un tono strano, inquietante, cantilenante.**

Glasovi so se dvigovali in spuščali v nenavadnem, srhljivem, pojočem tonu.

**Buck strisciò in silenzio fino al limite della radura.**

Buck se je molče plazil naprej do roba jase.

**Lì vide Hans disteso a faccia in giù, trafitto da numerose frecce.**

Tam je zagledal Hansa, ki je ležal z obrazom navzdol, preboden s številnimi puščicami.

**Il suo corpo sembrava quello di un porcospino, irto di penne.**

Njegovo telo je bilo videti kot ježevec, poln pernatih dlak.

**Nello stesso momento, Buck guardò verso la capanna in rovina.**

V istem trenutku je Buck pogledal proti porušeni koči.

**Quella vista gli fece rizzare i capelli sul collo e sulle spalle.**

Ob pogledu se mu je naježil las na vratu in ramenih.

**Un'ondata di rabbia selvaggia travolse tutto il corpo di Buck.**

Bucka je preplavil izbruh divje jeze.

**Ringhiò forte, anche se non ne era consapevole.**

Glasno je zarenčal, čeprav tega ni vedel.

**Il suono era crudo, pieno di una furia terrificante e selvaggia.**

Zvok je bil surov, poln grozljive, divje jeze.

**Per l'ultima volta nella sua vita, Buck perse la ragione a causa delle emozioni.**

Buck je zadnjič v življenju izgubil razum za čustva.

**Fu l'amore per John Thornton a spezzare il suo attento controllo.**

Ljubezen do Johna Thorntona je bila tista, ki je zlomila njegov skrbni nadzor.

**Gli Yeehats ballavano attorno alla baita in legno di abete rosso distrutta.**

Yeehati so plesali okoli porušene smrekove koče.

**Poi si udì un ruggito e una bestia sconosciuta si lanciò verso di loro.**

Nato se je zaslišalo rjovenje – in neznana zver se je pognala proti njim.

**Era Buck: una furia in movimento, una tempesta vivente di vendetta.**

Bil je Buck; bes v gibanju; živa nevihta maščevanja.

**Si gettò in mezzo a loro, folle di voglia di uccidere.**

Vrgel se je mednje, nor od potrebe po ubijanju.

**Si lanciò contro il primo uomo, il capo Yeehat, e colpì nel segno.**

Skočil je na prvega moža, poglavarja Yeehatov, in udaril naravnost v polno.

**La sua gola era squarciata e il sangue schizzava a fiotti.**

Grlo mu je bilo raztrgano in kri je brizgala v curku.

**Buck non si fermò, ma con un balzo squarciò la gola dell'uomo successivo.**

Buck se ni ustavil, ampak je z enim skokom pretrgal grlo naslednjemu moškemu.

**Era inarrestabile: squarciava, tagliava, non si fermava mai a riposare.**

Bil je neustavljiv – trgal je, sekal in se nikoli ni ustavil, da bi počival.

**Si lanciò e balzò così velocemente che le loro frecce non riuscirono a toccarlo.**

Tako hitro je skočil in poskočil, da ga njihove puščice niso mogle doseči.

**Gli Yeehats erano in preda al panico e alla confusione.**

Yeehate je ujela lastna panika in zmeda.

**Le loro frecce non colpirono Buck e si colpirono tra loro.**

Njune puščice so zgrešile Bucka in namesto tega zadele druga drugo.

**Un giovane scagliò una lancia contro Buck e colpì un altro uomo.**

Neki mladenič je vrgel sulico v Bucka in zadel drugega moškega.

**La lancia gli trapassò il petto e la punta gli trafisse la schiena.**

Sulica mu je zadela prsi, konica pa mu je prebila hrbet.

**Il terrore travolse gli Yeehats, che si diedero alla ritirata.**

Yeehate je preplavil groza in so se začeli popolnoma umikati.

**Urlarono allo Spirito Maligno e fuggirono nelle ombre della foresta.**

Zakričali so zaradi zlega duha in zbežali v gozdne sence.

**Buck era davvero come un demone mentre inseguiva gli Yeehats.**

Resnično, Buck je bil kot demon, ko je preganjal Yeehatse.

**Li inseguì attraverso la foresta, abbattendoli come cervi.**

Drvel je za njimi skozi gozd in jih podiral na tla kakor jelene.

**Divenne un giorno di destino e terrore per gli spaventati Yeehats.**

Za prestrašene Yeehate je postal dan usode in groze.

**Si dispersero sul territorio, fuggendo in ogni direzione.**

Razkropili so se po deželi in bežali daleč na vse strani.

**Passò un'intera settimana prima che gli ultimi sopravvissuti si incontrassero in una valle.**

Minil je cel teden, preden so se zadnji preživeli srečali v dolini.

**Solo allora contarono le perdite e raccontarono quanto accaduto.**

Šele nato so prešteli svoje izgube in spregovorili o tem, kaj se je zgodilo.

**Buck, stanco dell'inseguimento, ritornò all'accampamento in rovina.**

Buck se je, potem ko se je naveličal zasledovanja, vrnil v porušen tabor.

**Trovò Pete, ancora avvolto nelle coperte, ucciso nel primo attacco.**

Peta je našel ubitega v prvem napadu, še vedno v odejah.

**I segni dell'ultima lotta di Thornton erano visibili nella terra lì vicino.**

Sledi Thorntonovega zadnjega boja so bili vidni v bližnji umazaniji.

**Buck seguì ogni traccia, annusando ogni segno fino al punto finale.**

Buck je sledil vsaki sledi in jo vohal do končne točke.

**Sul bordo di una profonda pozza trovò il fedele Skeet, immobile.**

Na robu globokega tolmuna je našel zvestega Skeeta, ki je mirno ležal.

**La testa e le zampe anteriori di Skeet erano nell'acqua, immobili nella morte.**

Skeetova glava in sprednje šape so bile v vodi, negibne kot smrt.

**La piscina era fangosa e contaminata dai liquidi di scarico delle chiuse.**

Bazen je bil blaten in onesnažen z odtokom iz zapornic.

**La sua superficie torbida nascondeva ciò che si trovava sotto, ma Buck conosceva la verità.**

Njegova oblačna površina je skrivala, kar je ležalo spodaj, toda Buck je poznal resnico.

**Seguì l'odore di Thornton nella piscina, ma non lo portò da nessun'altra parte.**

Sledil je Thorntonovemu vonju v bazen – toda vonj ga ni vodil nikamor drugam.

**Non c'era alcun odore che provenisse, solo il silenzio dell'acqua profonda.**

Noben vonj ni vodil ven – le tišina globoke vode.

**Buck rimase tutto il giorno vicino alla piscina, camminando avanti e indietro per l'accampamento, addolorato.**

Ves dan je Buck ostal blizu tolmuna in žalosten hodil po taboru.

**Vagava irrequieto o sedeva immobile, immerso nei suoi pensieri.**

Nemirno je taval ali pa je sedel v tišini, zatopljen v težke misli.

**Conosceva la morte, la fine della vita, la scomparsa di ogni movimento.**

Poznal je smrt; konec življenja; izginotje vsega gibanja.

**Capì che John Thornton se n'era andato e non sarebbe mai più tornato.**

Razumel je, da je John Thornton odšel in se ne bo nikoli vrnil.

**La perdita lasciò in lui un vuoto che pulsava come la fame.**

Izguba je v njem pustila prazen prostor, ki je utripal kot lakota.

**Ma questa era una fame che il cibo non riusciva a placare, non importava quanto ne mangiasse.**

Ampak to je bila lakota, ki je hrana ni mogla potešiti, ne glede na to, koliko jo je pojedel.

**A volte, mentre guardava i cadaveri di Yeehats, il dolore si attenuava.**

Včasih je bolečina popustila, ko je pogledal mrtve Yeehate.

**E poi dentro di lui nacque uno strano orgoglio, feroce e totale.**

In potem se je v njem dvignil čuden ponos, silovit in popoln.

**Aveva ucciso l'uomo, la preda più alta e pericolosa di tutte.**

Ubil je človeka, kar je bila najvišja in najnevarnejša igra od vseh.

**Aveva ucciso in violazione dell'antica legge del bastone e della zanna.**

Ubijal je v nasprotju s starodavnim zakonom palice in zob.

**Buck annusò i loro corpi senza vita, curioso e pensieroso.**

Buck je radoveden in zamišljen ovohal njihova neživega telesa.

**Erano morti così facilmente, molto più facilmente di un husky in combattimento.**

Tako zlahka so umrli – veliko lažje kot haski v boju.

**Senza le armi non avrebbero avuto vera forza né avrebbero rappresentato una minaccia.**

Brez orožja niso imeli ne prave moči ne grožnje.

**Buck non avrebbe più avuto paura di loro, a meno che non fossero stati armati.**

Buck se jih ne bo nikoli več bal, razen če bodo oboroženi.

**Stava attento solo quando portavano clave, lance o frecce.**

Le če so nosili kije, sulice ali puščice, je bil previden.


**Calò la notte e la luna piena spuntò alta sopra le cime degli alberi.**

Padla je noč in polna luna se je dvignila visoko nad vrhovi dreves.

**La pallida luce della luna avvolgeva la terra in un tenue e spettrale chiarore, come se fosse giorno.**

Bleda lunina svetloba je obsijala zemljo z mehkim, duhovitim sijem, podobnim dnevu.

**Mentre la notte avanzava, Buck continuava a piangere presso la pozza silenziosa.**

Ko se je noč zgostila, je Buck še vedno žaloval ob tihem tolmunu.

**Poi si accorse di un diverso movimento nella foresta.**

Potem je zaznal drugačno gibanje v gozdu.

**L'agitazione non proveniva dagli Yeehats, ma da qualcosa di più antico e profondo.**

Vznemirjenje ni prihajalo od Yeehatov, temveč od nečesa starejšega in globljega.

**Si alzò in piedi, drizzò le orecchie e tastò con attenzione la brezza con il naso.**

Vstal je, privzdignil ušesa in previdno z nosom preizkusil vetrič.

**Da lontano giunse un debole e acuto grido che squarciò il silenzio.**

Od daleč se je zaslišal rahel, oster krik, ki je prerezal tišino.

**Poi un coro di grida simili seguì subito dopo il primo.**

Nato se je tik za prvim zaslišal zbor podobnih krikov.

**Il suono si avvicinava sempre di più, diventando sempre più forte con il passare dei minuti.**

Zvok se je bližal in z vsakim trenutkom postajal glasnejši.

**Buck conosceva quel grido: proveniva da quell'altro mondo nella sua memoria.**

Buck je poznal ta krik – prihajal je iz tistega drugega sveta v njegovem spominu.

**Si recò al centro dello spazio aperto e ascoltò attentamente.**

Stopil je do središča odprtega prostora in pozorno prisluhnil.

**L'appello risuonò più forte che mai, più sentito e più potente che mai.**

Klic se je razlegel, mnogoglasen in močnejši kot kdaj koli prej.

**E ora, più che mai, Buck era pronto a rispondere alla sua chiamata.**

In zdaj, bolj kot kdaj koli prej, je bil Buck pripravljen odgovoriti na svoj klic.

**John Thornton era morto e in lui non era rimasto alcun legame con l'uomo.**

John Thornton je bil mrtev in v njem ni ostalo nobene vezi s človekom.

**L'uomo e tutte le pretese umane erano svaniti: era finalmente libero.**

Človek in vse človeške zahteve so izginile – končno je bil svoboden.

**Il branco di lupi era a caccia di carne, proprio come un tempo avevano fatto gli Yeehats.**

Volčji krdelo je lovilo meso, tako kot so to nekoč počeli Yeehati.

**Avevano seguito le alci mentre scendevano dalle terre boscose.**

Sledili so losom iz gozdnatih območij.

**Ora, selvaggi e affamati di prede, attraversarono la sua valle.**

Zdaj so, divji in lačni plena, prečkali njegovo dolino.

**Giunsero nella radura illuminata dalla luna, scorrendo come acqua argentata.**

Prišli so na mesečino obsijano jaso, tekoči kot srebrna voda.

**Buck rimase immobile al centro, in attesa.**

Buck je negibno stal na sredini in jih čakal.

**La sua presenza calma e imponente lasciò il branco senza parole, tanto da farlo restare per un breve periodo in silenzio.**

Njegova mirna, velika prisotnost je osupnila krdelo v kratek molk.

**Allora il lupo più audace gli saltò addosso senza esitazione.**

Nato je najdrznejši volk brez oklevanja skočil naravnost vanj.

**Buck colpì rapidamente e spezzò il collo del lupo con un solo colpo.**

Buck je udaril hitro in z enim samim udarcem zlomil volku vrat.

**Rimase di nuovo immobile mentre il lupo morente si contorceva dietro di lui.**

Spet je negibno stal, ko se je umirajoči volk zvil za njim.

**Altri tre lupi attaccarono rapidamente, uno dopo l'altro.**

Še trije volkovi so hitro napadli, drug za drugim.

**Ognuno di loro si ritrasse sanguinante, con la gola o le spalle tagliate.**

Vsak se je umaknil krvaveč, s prerezanim grlom ali rameni.

**Ciò fu sufficiente a scatenare una carica selvaggia da parte dell'intero branco.**

To je bilo dovolj, da je celoten trop sprožil divji napad.

**Si precipitarono tutti insieme, troppo impazienti e troppo ammassati per colpire bene.**

Skupaj so planili noter, preveč zagnani in natrpani, da bi dobro udarili.

**La velocità e l'abilità di Buck gli permisero di anticipare l'attacco.**

Buckova hitrost in spretnost sta mu omogočila, da je ostal pred napadom.

**Girò sulle zampe posteriori, schioccando i denti e colpendo in tutte le direzioni.**

Vrtel se je na zadnjih nogah, škljajal in udarjal v vse smeri.

**Ai lupi sembrò che la sua difesa non si fosse mai aperta o avesse vacillato.**

Volkovom se je zdelo, kot da se njegova obramba nikoli ni odprla ali omahovala.

**Si voltò e colpì così velocemente che non riuscirono a raggiungerlo alle spalle.**

Obrnil se je in tako hitro zamahnil, da mu niso mogli za hrbet.

**Ciononostante, il loro numero lo costrinse a cedere terreno e a ritirarsi.**

Kljub temu ga je njihovo število prisililo, da je popustil in se umaknil.

**Superò la piscina e scese nel letto roccioso del torrente.**

Premaknil se je mimo tolmuna in se spustil v skalnato strugo potoka.

**Lì si imbatté in un ripido pendio di ghiaia e terra.**

Tam je naletel na strm breg, poln gramoza in zemlje.

**Si è infilato in un angolo scavato durante i vecchi scavi dei minatori.**

Med starim kopanjem rudarjev se je zaril v kotni rez.

**Ora, protetto su tre lati, Buck si trovava di fronte solo al lupo frontale.**

Zdaj, zaščiten s treh strani, se je Buck soočal le s sprednjim volkom.

**Lì rimase in attesa, pronto per la successiva ondata di assalto.**

Tam je stal na varni razdalji, pripravljen na naslednji val napada.

**Buck mantenne la posizione con tanta ferocia che i lupi indietreggiarono.**

Buck je tako vztrajno vztrajal, da so se volkovi umaknili.

**Dopo mezz'ora erano sfiniti e visibilmente sconfitti.**

Po pol ure so bili izčrpani in vidno poraženi.

**Le loro lingue pendevano fuori e le loro zanne bianche brillavano alla luce della luna.**

Njihovi jeziki so viseli, njihovi beli zobje so se lesketali v mesečini.

**Alcuni lupi si sdraiano, con la testa alzata e le orecchie dritte verso Buck.**

Nekaj volkov je leglo, dvignjenih glav in ušesa, napeta proti Bucku.

**Altri rimasero immobili, attenti e osservarono ogni suo movimento.**

Drugi so stali pri miru, pozorni in opazovali vsak njegov gib.

**Qualcuno si avvicinò alla piscina e bevve l'acqua fredda.**

Nekaj jih je odšlo do bazena in si napilo hladne vode.

**Poi un lupo grigio, lungo e magro, si fece avanti furtivamente, con passo gentile.**

Nato se je dolg, suh siv volk nežno priplazil naprej.

**Buck lo riconobbe: era il fratello selvaggio di prima.**

Buck ga je prepoznal – bil je tisti divji brat od prej.

**Il lupo grigio uggiolò dolcemente e Buck rispose con un guaito.**

Sivi volk je tiho cvilil, Buck pa je odgovoril s cviljenjem.

**Si toccarono il naso, silenziosamente, senza timore o minaccia.**

Dotaknila sta se nosov, tiho in brez grožnje ali strahu.

**Poi venne un lupo più anziano, scarno e segnato dalle numerose battaglie.**

Sledil je starejši volk, shujšan in brazgotinjen od številnih bitk.

**Buck cominciò a ringhiare, ma si fermò e annusò il naso del vecchio lupo.**

Buck je začel renčati, a se je ustavil in povohal starega volka skozi nos.

**Il vecchio si sedette, alzò il naso e ululò alla luna.**

Starec se je usedel, dvignil nos in zavil v luno.

**Il resto del branco si sedette e si unì al lungo ululato.**

Preostali del krdela se je usedel in se pridružil dolgemu tuljenju.

**E ora la chiamata giunse a Buck, inequivocabile e forte.**

In zdaj je Buck zaslišal klic, nedvoumen in močan.

**Si sedette, alzò la testa e ululò insieme agli altri.**

Sedel je, dvignil glavo in zavpil skupaj z drugimi.

**Quando l'ululato cessò, Buck uscì dal suo riparo roccioso.**

Ko je tuljenje ponehalo, je Buck stopil iz svojega skalnatega zavetja.

**Il branco si strinse attorno a lui, annusando con gentilezza e cautela.**

Krdelo se je stisnilo okoli njega in prijazno in previdno ovohavalo.

**Allora i capi lanciarono un grido e si precipitarono nella foresta.**

Nato so vodje kriknili in stekli v gozd.

**Gli altri lupi li seguirono, guaendo in coro, selvaggi e veloci nella notte.**

Drugi volkovi so jim sledili in v noči divje in hitro cvilili v zboru.

**Buck corse con loro, accanto al suo selvaggio fratello, ululando mentre correva.**

Buck je tekel z njimi, poleg svojega divjega brata, in med tekom tulil.

**Qui la storia di Buck giunge al termine.**

Tukaj se zgodba o Bucku dobro konča.

**Negli anni a seguire, gli Yeehats notarono degli strani lupi.**

V naslednjih letih so Yeehati opazili čudne volkove.

**Alcuni avevano la testa e il muso marroni e il petto bianco.**

Nekateri so imeli rjavo barvo na glavi in gobcu, belo na prsih.

**Ma ancora di più temevano la presenza di una figura spettrale tra i lupi.**

Še bolj pa so se bali duhovne postave med volkovi.

**Parlavano a bassa voce del Cane Fantasma, il capo del branco.**

Šepetaje so govorili o duhovnem psu, vodji krdela.

**Questo cane fantasma era più astuto del più audace cacciatore di Yeehat.**

Ta pes duhov je bil bolj zvit kot najdrznejši lovec Yeehat.

**Il cane fantasma rubava dagli accampamenti nel cuore dell'inverno e faceva a pezzi le loro trappole.**

Pes duh je sredi zime kradel iz taborišč in jim raztrgal pasti.

**Il cane fantasma uccise i loro cani e sfuggì alle loro frecce senza lasciare traccia.**

Pes duh je ubil njihove pse in brez sledu pobegnil pred njihovimi puščicami.

**Perfino i guerrieri più coraggiosi avevano paura di affrontare questo spirito selvaggio.**

Celo njihovi najpogumnejši bojevniki so se bali soočiti s tem divjim duhom.

**No, la storia diventa ancora più oscura con il passare degli anni trascorsi nella natura selvaggia.**

Ne, zgodba postaja še temnejša, ko leta minevajo v divjini.

**Alcuni cacciatori scompaiono e non fanno più ritorno ai loro accampamenti lontani.**

Nekateri lovci izginejo in se nikoli več ne vrnejo v svoje oddaljene tabore.

**Altri vengono trovati con la gola squarciata, uccisi nella neve.**

Druge najdejo z raztrganimi grli, pobite v snegu.

**Intorno ai loro corpi ci sono delle impronte più grandi di quelle che un lupo potrebbe mai lasciare.**

Okoli njihovih teles so sledi – večje od tistih, ki bi jih lahko naredil kateri koli volk.

**Ogni autunno, gli Yeehats seguono le tracce dell'alce.**

Vsako jesen Yeehati sledijo losu.

**Ma evitano una valle perché la paura è scolpita nel profondo del loro cuore.**

Vendar se eni dolini izogibajo s strahom, globoko vrezanim v njihova srca.

**Si dice che la valle sia stata scelta dallo Spirito Maligno come sua dimora.**

Pravijo, da si je dolino za svoj dom izbral Zli duh.

**E quando la storia viene raccontata, alcune donne piangono accanto al fuoco.**

In ko se zgodba pripoveduje, nekatere ženske jokajo ob ognju.

**Ma d'estate, c'è un visitatore che giunge in quella valle sacra e silenziosa.**

Toda poleti pride v tisto tiho, sveto dolino en obiskovalec.

**Gli Yeehats non lo conoscono e non potrebbero capirlo.**

Yeehati ga ne poznajo in ga tudi ne morejo razumeti.

**Il lupo è un animale grandioso, ricoperto di gloria, come nessun altro della sua specie.**

Volk je velik, s slavo v dlaki, kakršnega ni v njegovi vrsti.

**Lui solo attraversa il bosco verde ed entra nella radura della foresta.**

Sam prečka zelen gozd in vstopi na gozdno jaso.

**Lì, la polvere dorata contenuta nei sacchi di pelle d'alce si infiltra nel terreno.**

Tam se zlati prah iz vreč iz losove kože pronica v zemljo.

**L'erba e le foglie vecchie hanno nascosto il giallo del sole.**

Trava in staro listje sta skrila rumeno barvo pred soncem.

**Qui il lupo resta in silenzio, pensando e ricordando.**

Tukaj volk stoji v tišini, razmišlja in se spominja.

**Urla una volta sola, a lungo e lugubremente, prima di girarsi e andarsene.**

Enkrat zavije – dolgo in žalostno – preden se obrne, da odide.

**Ma non è sempre solo nella terra del freddo e della neve.**

Vendar ni vedno sam v deželi mraza in snega.

**Quando le lunghe notti invernali scendono sulle valli più basse.**

Ko se dolge zimske noči spustijo na spodnje doline.

**Quando i lupi seguono la selvaggina attraverso il chiaro di luna e il gelo.**

Ko volkovi sledijo divjadi skozi mesečino in zmrzal.

**Poi corre in testa al gruppo, saltando in alto e in modo selvaggio.**

Nato steče na čelu krdela, visoko in divje skače.

**La sua figura svetta sulle altre, la sua gola risuona di canto.**

Njegova postava se dviga nad drugimi, njegovo grlo živo od pesmi.

**È il canto del mondo più giovane, la voce del branco.**

To je pesem mlajšega sveta, glas krdela.

**Canta mentre corre: forte, libero e per sempre selvaggio.**

Med tekom poje – močan, svoboden in večno divji.